# CATALOGUE

## DE LA

## BIBLIOTHÈQUE

### DE LA

## SOCIÉTÉ D'HISTOIRE NATURELLE

## DE COLMAR.

**Deuxième Edition.**

## COLMAR

IMPRIMERIE ET LITHOGRAPHIE DE VEUVE CAMILLE DECKER.

1878

# CATALOGUE

## DE LA

## BIBLIOTHÈQUE

### DE LA

# SOCIÉTÉ D'HISTOIRE NATURELLE

## DE COLMAR.

---

## Deuxième Edition.

---

### COLMAR

IMPRIMERIE ET LITHOGRAPHIE DE VEUVE CAMILLE DECKER.

—

1878

# RÈGLEMENT DE LA BIBLIOTHÈQUE.

1. Les livres composant la Bibliothèque de la Société, sont mis à la disposition de ses membres qui pourront les prendre en communication, en se conformant aux conditions stipulées ci-après.
2. Sont exceptés certains ouvrages d'un emploi continuel pour le classement des collections et qui sont marqués d'un signe spécial (*) au Catalogue.
3. Chaque lecteur est responsable des ouvrages qu'il aura reçus.
4. La remise et la rentrée des livres se font à l'ouverture des réunions ordinaires de la Société, c'est-à-dire, le premier mercredi du mois, à deux heures précises.
5. Le Sociétaire empêché de venir chercher lui-même les livres qu'il désire, pourra les faire prendre par une autre personne, aux jours et heures indiqués ci-dessus, contre une demande écrite et signée de lui.
6. Aucun ouvrage ne devra être gardé plus de deux mois, sauf renouvellement de l'inscription; ce renouvellement toutefois ne pourra pas se faire si l'ouvrage en question est demandé par un autre sociétaire.
7. Chaque année, lors des vacances de la Société qui ont lieu en Septembre, le Bibliothécaire fera l'inventaire de la bibliothèque. Il ne sera pas délivré de livres pendant ce temps, et tous ceux en circulation devront être restitués pour la fin du mois d'août.
8. Les livres ayant été disposés méthodiquement sur les rayons, on est instamment prié de ne pas les déranger et de s'adresser toujours au Bibliothécaire pour se faire remettre les ouvrages mêmes qu'on ne voudrait consulter que sur place.

## SIGNES ET ABRÉVIATIONS.

f° — in-folio.
4° — in-quarto.
8° — in-octavo.
12° — in-douze.
vol. — volume.
br. — brochure.
fasc. — fascicule.
t. — tome.
éd. — édition.
pl. — ouvrage avec planches.
inc. — incomplet.
S. — Série.
Soc. — Société.

(c) Collection complète.

(·) Ouvrage ne pouvant sortir de la Bibliothèque.

*Obs.* — Lorsque le format n'est pas indiqué, il est in-octavo.

Sont comptés comme *brochures*, les ouvrages de moins de 50 pages.

Les *fascicules* (cahiers ou livraisons) sont des brochures dont plusieurs doivent être réunies pour former un volume ou un ouvrage complet.

# BIBLIOTHÈQUE

DE LA

## SOCIÉTÉ D'HISTOIRE NATURELLE

DE COLMAR.

(Novembre 1878).

## A. Publications des Sociétés savantes.

### I. ALSACE-LORRAINE.

A. I.

COLMAR. *Société d'émulation du Haut-Rhin.* Règlement et liste des membres, an IX et an XI. — Procès-verbaux des séances du 29 floréal an XI ; des 3 et 15 messidor an XI ; des 1er et 15 nivose an XI ; du 17 thermidor an XII ; du 1er juin 1811. — 7 br.

— *Société Schœnguuer.* Statuts de 1847. — Rapports pour les années 1848 et 1849. — Reconstitution et liste des membres en 1867. — Comptes-rendus de 1868 , 1869 , 1870, 1873, 1874, 1875. — 9 br. (c).

— *Société départ. d'agriculture du Haut-Rhin.* Bulletin , 1re série, années 1842 à 1868, 85 fasc. avec table générale des matières, reliés en 6 vol. — 2e série, 1869, 4 fasc. en 1 vol. — Journal, tome 1er, 1871, 1 vol. — Statuts en 1842, 1 br. in-4o. — Etabliss. d'une ferme-modèle départem. , 1842, 2 br. 4o. — Société d'encouragement pour l'exploitation d'une ferme-modèle, 1844, 1 br. 8o. — Compte-rendu pour l'année 1845 par M. KÆPPELIN, 1 br. 8o. — Catalogue de la bibliothèque, 1868, 1 br. — 7 vol. et 6 br. (c).

Colmar. *Société d'horticulture et de viticulture.* Statuts en 1874. Exposition en septembre 1874. — 2 br.

— *Soc. médicale du Haut-Rhin.* Bulletin, tomes 1 à 4, années 1860 à 1878. — 4 vol. (c).

— *Soc. de prévoyance des médecins et pharmaciens du Haut-Rhin.* Règlements de 1846 et 1853. — Comptes-rendus de 1848 à 1872. — Question de l'agrégation à l'association générale, par le Dʳ Marquez, 1859. — 13 br. (c).

— *Cercle pharmaceutique du Haut-Rhin.* Comptes-rendus des assemblées générales de 1839 à 1873. — Statuts de 1868. — Enquête sur la limitation des pharmacies, 1867. — Rapport sur les prix aux élèves en pharmacie, 1867. — Catalogue de la bibliothèque, 1854 et 1868. — Règlement de la Soc. d'émulation des pharmaciens du Haut-Rhin. — Denkschrift über die Zustände der Pharmacie in Elsass-Lothringen, 1871. — 27 br.

— *Soc. d'histoire naturelle de Colmar.* Bulletin, 1ʳᵉ à 19ᵐᵉ années, 1860 à 1878, 13 tomes reliés en 8 vol. — Circulaire et Statuts provisoires, 1859, 1 br. 4⁰. — Assemblée gén. de mai 1859, 1 br. 12⁰. — Statuts de 1861, 1 br. 8⁰. — Catalogue de la bibliothèque, 1869 et 1878, 2 vol. 8⁰. — Rapport sur les travaux de la Société depuis sa fondation jusqu'en 1867, par le Dʳ Faudel, 1 br. 8⁰. — Les travaux de la Soc. d'histoire natur. de Colmar, par M. Ch. Grad, 1 br. 8⁰. — 10 vol. et 5 br. (c).

Metz. *Soc. d'histoire naturelle de la Moselle.* Bulletin, années 1863 à 1876, 14 cahiers reliés en 5 vol. (c).

— *Académie de Metz.* Mémoires, 1ʳᵉ et 2ᵉ séries, (1819 à 1871), tomes 1 à 15, 17 à 27, 29 à 36, 38 à 52; 50 vol. 8⁰. — Table générale des deux premières séries, 1 vol. — 3ᵉ série, tomes 1 à 5 (1871 à 1876), 5 vol. — Total : 56 vol.

— *Soc. des sciences médicales de la Moselle.* Exposé des travaux, années 1850 à 1868, 19 vol. 8⁰. — Règlement de 1848, 1 br.

Mulhouse. *Société industrielle.* Bulletin, tomes 1 à 48 (1828 à 1878). — Table des matières des tomes 1 à 45, 1 vol. — Bulletin spécial publié à l'occasion du 50ᵉ anniversaire de la

Société, 1 vol. — Règlement de 1830 et 1856, 2 br. —
Catalogue de la bibliothèque, 1830, 1862 et 1874, 3 br. —
Rapports annuels, 33 br. — Programme des prix, 30 br. —
Total : 50 vol. et 68 br. (c. sauf le 3ᵉ fasc. du tome 1ᵉʳ).

MULHOUSE. *Société d'horticulture.* Bulletin Nº 1 (1855); 2ᵉ série,
Nᵒˢ 1 à 3 (1863-64), 4 br.

— *Association pour l'échange de plantes.* Compte-rendu de
1868, par P. BECKER, 1 br.

— *Comice agricole de l'arrond. de Mulhouse.* Comptes-rendus
V et VI (1868-69), 2 br.

SAINTE-MARIE-AUX-MINES. *Soc. industrielle et commerciale.* Premier rapport, exercice 1871-72. — Délibération du 26 juin
1876. — 2 br.

STRASBOURG. *Soc. des sciences, agriculture et arts.* Mémoires
(1811-23), 2 vol. — Journal (1824-28), 5 vol. — Nouveaux
Mémoires (1832-42), 3 vol. — Bulletin agricole (1844-51),
1 vol. — Nouveaux Mémoires (1859-70), 4 vol. — Bulletin
trimestriel faisant suite aux nouveaux Mémoires, tomes 5 à
12 (1870-78), en 3 vol. — Publications diverses, 1 vol. —
Total : 19 vol. (c).

— *Soc. de médecine.* Mémoires, tomes 1 à 14, (1850 à 1878),
rel. en 12 vol. (c).

— *Soc. des sciences naturelles.* Mémoires, tom. 2 à 6, (1835-70),
5 vol. gr. 4°. — Bulletin, années 1868 à 1870, 1 vol. 8°.

— *Soc. pour la conservation des monuments historiques d'Alsace.* Bulletin, 1ʳᵉ série, tomes 1 à 4 (1856-61), 4 vol. 8°.
— 2ᵉ série, tomes 1 à 9, (1862-75), rel. en 7 vol. 4° (c).

— *Soc. d'horticulture.* Annales, Nᵒˢ 1 à 6, (1846-48), 1 vol. 12°.
— Journal, tomes 1 à 10, (1855-78), rel. en 5 vol. 8° (c).

— *Soc. vétérinaire d'Alsace.* Bulletins Nᵒˢ 1 à 12, (1864-75).
Statuts de 1865. — 13 fasc. (c).

— *Association strasb. des amis de l'histoire naturelle.* Comptes-
rendus, Nᵒˢ 1 à 6, 8, 10 à 14, 17 à 19 (1851-69). — 15
fasc. 8°.

— *Association philomatique vogéso-rhénane*, par le professeur
KIRSCHLEGER. Annales, Nᵒˢ 1 à 9 (1863-68), en 1 vol. (c).

## II. Allemagne.

Augsbourg. *Naturhistorischer Verein*. Berichte, Nos 16 à 24, (1863-77), 9 vol. et 1 atlas.

Berlin. *Academie der Wissenschaften*. Abhandlungen, t. II, 1781. — Verzeichniss der Abhandlungen von 1710 bis 1870. — Monatsberichte, 1870 à 1878. — Register der Monatsberichte von 1859 bis 1873. — 12 vol.

— *Gesellschaft naturforschender Freunde*. Beobachtungen aus der Naturkunde, T. I, 1787, 1 vol.

— *Deutsche geologische Gesellschaft*. Zeitschrift, T. XXIII à XXX (1871-78). — 8 vol.

Bonn. *Naturhistor. Verein der preussischen Rheinlande*. Verhandlungen, Jahrg. XXIV à XXVI, XXVIII à XXXIV (1867-69 et 1871-77). — Festschrift von 1877. — 11 vol.

Brême. *Naturwissenschaftlicher Verein*. Abhandlungen, T. I à V, (1866-78), 5 vol. 8°. — Beilage Nos 1 à 6 (1871-77). — 6 br. 4° (c).

Carlsruhe. *Naturwissenschaftlicher Verein*. Verhandlungen, Heft 3 à 7 (1869-76). — 5 vol.

Darmstadt. *Verein für Erdkunde*. Notizblatt, 3e Folge, Heft 7e à 16e (1868-77), 10 vol. — Statistik des Grosherzogthums Hessen, 1868, 1 fasc.

Dresde. *L. C. Akademie der Naturforscher*. Leopoldina, amtlicher Organ, Hefte 2e à 14e (1860-78). — 3 vol. 4°.

Francfort-sur-le-Mein. *Physikalischer Verein*. Jahresberichte, 1870-71 à 1876-77. — 7 vol.

Fribourg (Bade). *Naturforschende Gesellschaft*. Berichte über die Verhandlungen, Band I à VII, (1853-77). — 7 vol. (c).

Halle. *Naturwissenschaftlicher Verein für Sachsen und Thüringen*. Zeitschrift für die gesammten Naturwissenschaften; 2e série, t. I à XIV ; 3e série, t. I (1870-77). — 15 vol.

Hambourg. *Verein für naturwiss. Unterhaltung*. Verhandlungen, t. I et II (1871-75), 2 vol.

Heidelberg. *Naturhistorisch-medizinischer Verein.* Verhandlungen, t. I à VI (1857-73), inc. — 2e série, tomes I et II,
(1874-77).

Kiel. *Naturwiss. Verein für Schleswig-Holstein.* Mittheilungen.
Heft I, IV à VII, IX. — Schriften, tom. I et II (1857-77),
9 fasc. (inc.).

Kœnigsberg. *Physikal. œkonomische Gesellschaft.* Schriften,
Jahrg. I à XVIII (1860-77), 9 vol. 4° (c).

Mannheim. *Physikal. œkonomische Gesellschaft.* Vorlesungen,
t. II, 1785-86, 1 vol.

— *Verein für Naturkunde.* Jahresberichte, Nos 18 à 40 (1853-
76), 19 fasc.

Munich. *Akademie der Wissenschaften. (Mathemat. physikalische
Classe)* :

1° Abhandlungen, t. VIII à XIII (1867-78), 6 vol. 4°.

2° Sitzungsberichte, 1860-78, 21 vol. 8°.

3° Almanach für 1871, 1875, 1878, 3 vol. 12°.

4° Denkschriften : Zittel. Hermann von Meyer. — Erlen-
meyer. Die Aufgabe der chemischen Unterrichte. — Beltz.
Antheil der Akademie an der Entwicklung der Electricitäts-
lehre. — v. Bischoff. Einfluss des Freih. J. von Liebig
auf die Entwicklung der Physiologie. — v. Pettenkôffer.
J. von Liebig zum Gedächtniss. — Vogel. J. v. Liebig als
Begründer der agric. Chemie. — Erlénmeyer. Einfluss
J. v. Liebig auf die Entwicklung der reinen Chemie. —
Buchner. Beziehung der Chemie zur Rechtspflege. —
Gümbel. Geogn. Durchforschung Bayerns. — 1870 à 1877,
9 br. 4°.

Neustadt et Durckheim. *Pollichia, naturwiss. Verein der Rhein-
pfalz.* Jahresberichte, I à XXXII, (1842-74), 32 fasc., rel.
en 8 vol. (c).

Regensberg. *Zoolog. mineralog. Verein.* Abhandlungen, Heft
9e et 10e. — Correspondenz-Blatt. Jahrgang 18e, 25e à 29e,
31e (1864-77), 9 fasc.

Stuttgart. *Verein für vaterl. Naturkunde.* Jahreshefte, Jahrg.
26° à 34e (1870-78), 9 vol.

Wiesbaden. *Nassauischer Verein für Naturkunde.* Jahrbücher XXI à XXX (1867-77), 5 vol.

Würtzbourg. *Physikal. medizinische Gesellschaft.* Verhandlungen, neue Folge, tom. I à XII (1868-78), 12 vol. 8°. — Kölliker. Die Pennatulide umbellula. (Festschrift), 1 vol. 4°.


## III. Autriche.

Buda-Pesth. *Musée national hongrois.* Naturhistorische Hefte, 1877-78, 6 fasc.

— *Soc. des sciences naturelles.* 7 mémoires 4° et 1 album fol°.

Innsbruck. *Naturwiss. medizinischer Verein.* Berichte, VI, (1875), N°ˢ 1 et 2, 2 fasc.

Trieste. *Societa adriatica di Scienze naturali.* Bolletino, t. I à IV (1875-78), 4 vol.

Vienne. *Academie der Wissenschaften, (mathem. naturwiss. Classe).* Sitzungsberichte, tomes LXV à LXXV (1872-77), 11 vol.

— *Zoolog. botanische Gesellschaft.* Verhandlungen. Band II, V à IX, XII, XIII, XV à XXVII (1852-77), 21 vol.

— *K. geologische Reichsanstalt.* 1° Jahrbücher, XX à XXVIII (1870-78), 9 vol. — 2° Verhandlungen, 1870 à 1878, 4 vol. — 3° Mineralog. Mittheilungen von Tschermak, 1870-77, 3 vol. — Total : 16 vol. gr. 8° av. pl.

Zwickau. *Verein für Naturkunde.* Jahresberichte, 1873 à 1875, 3 fasc.


## IV. Amérique.

Boston. *Society of natural History.* Procedings, tom. II à VII, IX à XVI (1845-74), 14 vol. — T. XVII à XIX (inc.). — Memoirs, tom. I et II, 2 vol. 4°. — Journal, tom. VI et VII, 2 vol. 8° — Annual Report, 1865-69, 5 fasc. — Occasional papers, I, 1869, 1 vol. 8°.

— *American Academy of Arts and Sciences.* Procedings, t. V à XIII (1860-78), 9 vol. 8°.

New-Haven. *Connecticut Academy of Arts and Sciences*. Transactions, tom. II, N° 2 et III, N° 1 (1873-76), 2 vol.

Washington. *Smithsonian Institution*. Annual Report, 1864 à 1869, 1871, 1873 à 1876 ; 11 vol. 8°. — Contributions, N°ˢ 220 et 221, (1869) ; 2 vol. 4°.

— *Office Un. St. geological and geograph. Survey* (Dʳ F. V. Hayden) : Bulletin, vol. I à IV (1874-78). — Miscellaneous Publications, N°ˢ 1 à 5, 7 à 10 ; 9 vol. 8°.— Annual Reports, années 1867 à 1875, 8 vol. 8°.— Reports (Mémoires), T. I, II, V à VII, IX à XI (1873-77), 8 vol. 4° av. pl. — 3 cartes topographiques. — Catalogues des publications, etc., 7 br.

Rio de Janeiro (Brésil). *Commission géologique de l'Empire*. Archivos do Museu nacional. T. I, N° 1 (1876), 1 vol. 4°.


## V. Belgique et Luxembourg.


Bruxelles. *Académie des lettres, sciences et beaux-arts de Belgique*. Bulletin, tom. XXIII à XL (1867-75), 18 vol. 8°. — Annuaires, années 1867 à 1876, 10 vol. 12°. — Centième anniversaire de la fondation de l'Académie (1772-1872), 2 vol. gr. 8°.

— *Soc. malacologique de Belgique*. Annales, T. I à XI (1863-76), 11 vol. 8° av. pl. — Statuts de 1863. Catalogue de l'exposition d'animaux invertébrés, en 1866, 2 br. (c).

— *Soc. entomologique de Belgique*, Annales, T. I à XX (1857-77), rel. en 11 vol. 8° av. pl. — Statuts et Comptes-rendus des séances. (c).

— *Soc. belge de microscopie*. Annales et Bulletin, Tom. I à IV, (1874-78), 4 vol.

Liège. *Soc. royale des sciences*. Mémoires, 2ᵉ série, T. III à VI, (1873-76), 4 vol.

— *Soc. géologique de Belgique*. Annales, T. I à IV (1874-77), 4 vol. (c).

— *Institut archéol. liégeois*. Bulletin, T IX, 2ᵉ livr. et T. X, 1ʳᵉ livr. (1869-70), 2 fasc.

Luxembourg. *Institut royal grand-ducal*, section des sciences, (*Soc. des sciences du Gr. Duché*). Bulletin, T. II (1854); V à XVI (1862-77), 13 vol. — Mémoires de la Soc. botanique, N⁰ˢ 1 à 3 (1874-76), 2 fasc. — Obs. météorologiques de 1864 à 1873, 1 vol. — Bulletin de la Soc. médicale, 1870, 1 vol.

Mons. *Soc. des sciences, arts et lettres du Hainaut.* Mémoires, 3ᵉ série, T. I à X; 4ᵉ série, T. I et II (1864-76), 12 vol.

## VI. France.

Abbeville. *Société d'émulation.* Mémoires, années 1838-68, 9 vol. 8⁰.

Aix. *Académie des sciences, arts et belles-lettres.* Mémoires, T. IX (1867), 1 vol. — Séances publiques, 1863-71, 10 br.

Alger. *Soc. de climatologie.* Bulletin, années 1864 à 1873, 24 fasc. (inc.).

— *Soc. d'agriculture.* Bulletin, 1860 à 1872, 19 fasc. (inc.).

Amiens. *Académie des sciences, belles-lettres et arts.* Mémoires, 1ʳᵉ série, T. I et II, VI à X; 2ᵉ série, T. I à X; 3ᵉ série, T. I, II et IV (1835-78), 21 vol.

— *Soc. des antiquaires de Picardie.* Mémoires, 3ᵉ sér., T. I à V (1867-78). — Bulletin, T. X à XII (1868-77), 7 vol.

— *Soc. linnéenne du Nord de la France.* Mémoires, T. I à IV (1866-77), 4 vol. — Bulletins, T. I à IV (1872-78), 2 vol.

Angers. *Soc. académique de Maine-et-Loire.* Mémoires, T. VI à XXIV (1859-68), 16 vol.

— *Soc. linnéenne.* Annales, 10ᵉ année, 1868, 1 vol

— *Soc. d'études scientifiques.* Bulletins, années 1 à 7 (1871-77), 5 vol. (c).

— *Soc. de médecine.* Bulletin, 1864, 1865, 1868, 3 br.

Apt. *Soc. littéraire, scientifique et artistique.* Annales, T. I à V (1863-68). — Procès-verbaux, 2ᵉ sér., T. I et II (1868-73). — Mémoires, T. I (1874-77). — 8 vol.

Arras. *Académie des sciences, lettres et arts.* Mémoires, 1ʳᵉ sér., T. 35 à 38; 2ᵉ série, T. 1 à 9 (1863-77), 13 vol. — Histoire de l'Académie d'Arras de 1737 à 1872, par le chan. E. van Drival, 1 vol.

AUXERRE. *Soc. des sciences historiques et naturelles de l'Yonne.*
Bulletin, T. III, V, VI, VIII à XXXIII (1849-77), 27 vol. —
Tables analytiques de 1857 à 1867, 1 vol.

BEAUVAIS. *Athénée du Beauvaisis.* Bulletin, années 1847-53,
9 fasc. (inc.).

BELFORT. *Société d'émulation.* Bulletin, années I à III (1872-
1876), 3 vol. (c).

— *Soc. d'agric. et d'horticulture.* Statuts, 1877, 1 br.

BESANÇON. *Société d'agriculture et arts.* Mémoires, 1re année
(1820-21), 2e (1821-22) et 4e (1823-24), 3 vol.

— *Société d'émulation du Doubs.* Mémoires, 2e série, T. I à
VIII; 3e série, T. I à X; 4e série, T. I à IV, VI, VIII à X
(1850-75), 27 vol.

— *Soc. des pharmaciens du dép. du Doubs.* Bulletin, années
1865-70, avec suppl., 4 vol.

— *Soc. de médecine,* années 1860, 1866, 1867, 1873-78; 4 vol.

BÉZIERS. *Soc. d'études des sciences naturelles* Bulletin, 1re année,
1876, 1 vol.

BLOIS. *Soc. des sciences et lettres de Loir-et-Cher.* Mémoires,
T. VII (1867) et IX (1877), 2 vol.

BÔNE. *Académie d'Hippone.* Bulletin Nos 1, 2, 4 à 6, 9, 10, 12,
13 (1865-78), 8 fasc. — Catalogue minéralogique algérien,
par PAPIER, 1 vol. 4o.

BORDEAUX. *Soc. des sciences physiques et naturelles.* Mémoires,
T. I à X; 2e série, T. I et II (1854-78), 12 vol. (c).

— *Société linnéenne.* Actes, T. XXI à XXXI (1856-77), 11 vol.
gr. 8o et 1 atlas.

BOULOGNE-SUR-MER. *Soc. académique.* Mémoires, T. IV et V,
1re partie (1868-74), 2 vol.

BOURGES. *Soc. littéraire et scientifique.* Mémoires, 2e série,
T. I (1868), 1 vol.

BREST. *Soc. académique.* Bulletin, T. I à V (1858-69), 5 vol.

CAEN. *Soc. linnéenne de Normandie.* Bulletin, 1re sér., T. I à X;
2e série, T. I à VIII (1855-74), 18 tomes en 14 vol. (c).

— *Académie des sciences, arts et belles-lettres.* Mémoires, années 1870 à 1878, 10 vol.

Cᴀɴɴᴇꜱ. *Soc. des sciences naturelles et historiques.* Mémoires,
T. 1 à III (1868-73), 3 vol.

Cʜᴀʟᴏɴꜱ-ꜱᴜʀ-Mᴀʀɴᴇ. *Soc. d'agric., commerce, sciences et arts.*
Mémoires, années 1862 à 1877, 15 vol.

Cʜᴀᴍʙᴇ́ʀʏ. *Soc. savoisienne d'histoire et d'archéologie.* Mémoires,
T. IX à XIV (1865-73), 6 vol.

— *Académie des sciences, belles-lettres et arts.* Mémoires, 2ᵉ
série, T. VIII à XII; 3ᵉ sér., T. I, II et IV (1866-76), 8 vol.
— Habitations lacustres de la Savoie, par Rᴀʙᴜᴛ. Etude
préhistorique sur la Savoie, par Pᴇʀʀɪɴ; 2 albums in-folᵒ.

Cʜᴇʀʙᴏᴜʀɢ. *Soc. académiqne.* Mémoires, années 1852, 1861 et
1873, 3 vol.

— *Soc. des sciences naturelles.* Mémoires, T. VII à XX (1857-
77), 14 vol.— C.-rendu du 25ᵉ annivers. de la Société, 1 br.

Cʟᴇʀᴍᴏɴᴛ-Fᴇʀʀᴀɴᴅ. *Académie des sciences, belles-lettres et arts.*
Mém., 2ᵉ sér, T. VI à XIII, XV, XVI, XVIII (1864-76), 11 vol.

Cᴏɴꜱᴛᴀɴᴛɪɴᴇ. *Soc. archéologique.* Annuaire, 1854-57, 2 vol.

Dᴀx. *Société de Borda.* Bulletin, 1876-78, 3 fasc.

Dɪᴊᴏɴ. *Académie des sciences, arts et belles-lettres.* Mémoires,
2ᵉ série, T. I à XIII, XV et XVI; 3ᵉ série, T. I à IV (1851-
77), 19 vol. 8ᵒ et 1 atlas folᵒ.

Dᴏᴜᴀɪ. *Soc. d'agric., sciences et arts.* Bulletin agricole, années
1866 à 1876, 3 vol. — Mémoires, 1ʳᵉ série, T. III et XIII;
2ᵉ série, T. I à XII (1849-74), 14 vol.

DᴜɴᴋᴇʀQᴜᴇ. *Soc. pour l'encouragᵗ des lettres, sciences et arts.*
Mémoires, T. VIII à XVII (1861-72), 10 vol.

Eʟʙᴇᴜꜰ. *Soc. industrielle.* Bulletin, 1859, 1 vol.

Eᴘɪɴᴀʟ. *Soc. d'émulation des Vosges.* années 1831, 1833 à 1844,
1846 à 1875, 1877, (T. I à XV), 43 vol.

Eᴠʀᴇᴜx. *Soc. d'agric., sciences et arts.* Recueil des travaux,
4ᵉ série, T. I (1869-72), 1 vol.

Gʀᴇɴᴏʙʟᴇ. *Académie delphinale.* Bulletin, 1ʳᵉ série, T. II à V,
(1850-56); 2ᵉ S., T. I à III (1857-64); 3ᵉ S., T. 1 à XII
(1865-76), 19 vol. — Documents relatifs au Dauphiné, T. I
(1865), 1 vol.

— *Soc. de statistique de l'Isère.* Bulletin, 3ᵉ série, T. I à V, VII

(1869-78), 6 vol. 8°. — Les palafittes du lac de Paladru ,
par E. CHANTRE, 1871, album fol°.

LA ROCHELLE. *Académie.* (Section des sciences). Annales, N°ˢ 1
à 14 (1854-77), 13 vol. — Atlas des plantes marines de la
Charente-Infér. , 1859 , 4°. — Notice hist. sur les Sociétés
des lettres, sciences et arts de La Rochelle, 1873, 1 vol.

LE HAVRE. *Soc. hâvraise d'études diverses.* Publications. Années
15ᵉ à 19ᵉ (1847-52); 27ᵉ à 42ᵉ (1860-75), 14 vol.

LE MANS. *Soc. d'agric. , sciences et arts.* Bulletin , T. IX à XV
(1850-60); XVII à XXII (1863-74), 12 vol.

LILLE. *Soc. des sciences, agriculture et arts.* Mémoires, 2ᵉ sér.,
T. I à X (1854-63); 3ᵉ sér., T. I à XIV (1864-75), avec table
générale; 4ᵉ sér., T. I à V (1876-78), 30 vol.

— *Soc. géologique du Nord.* Annales, T. I à IV (1870-77),
4 vol. 8°. — Mémoires, I (1876), 1 vol. 4°.

LONS-LE-SAULNIER. *Soc. d'émulation du Jura.* Mémoires, années
1863-74, 2ᵉ série, T. II (1876), 11 vol. — Les états, le
parlement de Franche-Comté et la conquête de 1668, par
PERRAUD, 1873, 1 vol.

LYON. *Académie des sciences , belles-lettres et arts.* Mémoires.
Classe des lettres, T. IV à XIII, XVII (1854-77), 11 vol. —
Classe des sciences, T. IV à XVI, XVIII, XX à XXII (1854-
77), 17 vol. 8°.

— *Soc. d'agric., histoire natur. et arts utiles.* Annales, 1ʳᵉ sér.,
T. I à IV (1838-41); 3ᵉ S. , T. I à XI (1857-67); 4ᵉ S. ,
T. I à IX (1868-76). — 24 vol. gr. 8°.

— *Soc. linnéenne.* Annal., T. XX à XXIII (1873-76), 4 vol. gr. 8°.

— *Commission de météorologie.* (*Soc. hydrométrique*). Publications, années 21ᵉ à 33ᵉ (1864-76), 13 vol.

MÂCON. *Académie des sciences , arts et belles-lettres.* Annales ,
T. I à VIII, X à XIII (1858-76), 10 vol.

MARSEILLE. *Acad. des sciences, belles-lettres et arts.* Mémoires ,
années 1858-76, 6 vol.

— *Société de statistique.* Répertoire des travaux, T. VIII et IX,
XVI, XVIII et XIX, XXI à XXIV, XXVII, XXIX à XXXIV ,
XXXVII (1844-77), 17 vol.

Mende. *Soc. d'agriculture, industrie, sciences et arts.* Bulletin, 1re sér., T. XVI (1847-49), 2e sér., T. XIV à XXI (1863-70), 8 vol. — Table générale de 1827 à 1865, 1 br.

Montbéliard. *Soc. d'émulation.* Comptes-rendus des travaux, années 1850-61, 11 fasc. en 3 vol. — Mémoires, T. I à VII (1862-74), 7 vol. gr. 8°, (c).

Montpellier. *Académie des sciences et lettres.* (Section des sciences), Mémoires, T. V, VI, VIII et IX (1861-76), inc.— Procès-verbaux des séances, 1863-64, 2 br. 4°.

Moulins. *Soc. d'émulation de l'Allier.* Bulletin, T. VIII à XI (1863-69), inc.

Nancy. *Académie de Stanislas.* 1re série, (Mémoires de la *Soc. royale des sciences et belles-lettres*), T. I à III (1754-55), 3 vol. 8°. — 2e sér., Précis analytique des travaux de la *Soc. des lettres, sciences et arts,* années 1808-09, 1810, 1813-15, 1816-18, 1827, 1829-32; 6 fasc. — 3e sér. Mémoires de l'*Académie de Stanislas,* années 1833 à 1843, 1845 à 1866, 33 vol. — 4e sér., T. I à X (1867-77), 10 vol. — Table des trois premières séries (1750-1866), 1 vol. — Documents pour la description scient. de la Lorraine, 1862, 1 vol. — Total : 48 vol. et 6 fasc.

— *Soc. d'acclimatation pour le Nord-Est de la France.* Fondation et règlement en 1855. — Bulletins de 1855 à 1870, (inc.). — 37 fasc.

— *Soc. des sciences* (anc. *Soc. des sciences nat. de Strasbourg*). Bulletin, 2e série, T. I à III (1873-77), 6 fasc.

— *Soc. de médecine.* Mémoires, ann. 1874-75 à 1876-77, 3 vol.

Nantes. *Société académique.* Annales, T. XXXIII à XLVII (1862-77), 15 vol.

Nevers. *Soc. nivernaise des sciences, lettres et arts.* Bulletin, 2e sér., T. I à III, IV et V (inc.), VI à VIII (1857-77), 8 vol.

Nice. *Soc. d'agriculture et acclimatation.* Bulletins 14e, 15e, 34e à 39e (1864-70). — Annuaire de 1869. — 9 br.

— *Soc. des lettres, sciences et arts.* Annales, T. I, II et IV, (1865-77), 3 vol.

Nîmes. *Académie du Gard.* Mémoires, ann. 1862 à 1873, 12 vol.

Niort. *Soc. d'agriculture des Deux-Sèvres.* Maître Jacques, journal populaire d'agric., T. I à IX (1862-70), 9 vol.

Orléans. *Société archéologique.* Mémoires, T. I et II (1851-53), 2 vol. av. atlas.—Bulletin, Nos 47 à 50, 52, 56, 58 à 63; 13 br.

Paris. *Académie des sciences.* Comptes-rendus hebdomadaires, T. XXVIII et XXIX (1849); LXXII à LXXXVII (1871 à 1878). — Tables des années 1851 à 1865, 2 vol. — 25 vol. 4º.

— *Association scientifique de France.* Bulletin, T. I à XXII (1865-78), 22 vol. (c).

— *Association de prévoyance des médecins de France.* Annuaire, années 1re, 2e, 4e, 6e à 11e, 13e à 18e (1859-77), 14 vol. 12º.

— *Soc. de secours des amis des sciences.* C.-rendus des séances annuelles, 3e à 14e, 16e à 18e (1860-77), 15 fasc.

— *Soc. parisienne d'archéologie et d'histoire.* Bulletin, T. I (1865), 1 vol. — Statuts, 1 br.

— *Soc. philotechnique.* Annuaire, T. XXVIII à XXX (1866-68), 3 vol.

— *Soc. centrale d'agriculture de France.* Mémoires, ann. 1848 à 1876, 37 vol. — Bulletin des séances, 2e série, T. VIII à XX (1852-64); 3e série, T. I à XII (1865-77), 25 vol. — Séances publiques de 1864, 1866, 1873 et 1876, 4 vol. — Biographie des sociétaires, 1848-53, 1 vol. — Table des matières de l'an VII à 1850, 1 vol. — Total : 68 vol. 8º.

— *Société d'anthropologie.* Bulletin, 1re série, T. I à VI; 2e sér., T. I à XIII; 3e sér., T. I (1860-78), 20 vol. (c).

— *Soc. botanique de France.* Bulletin, T. I à XXIII (1854-76), 23 vol. gr. 8º. — Liste des sociétaires en 1874 et en 1876, 2 br. (c).

— *Soc. entomologique de France.* Annales. Table générale des 3 premières séries (1832-60), 1 vol. — 4e série, T. I à X (1861-70); 5e sér., T. I à VII (1871-77), 17 vol. — Bulletin des séances (1873-78). — Famille des Eucnémides, par H. de Bonvouloir, 1 vol. — Catalogue de la bibliothèque, 1832-66, 1 vol. — Total : 20 vol.

— *Soc. géologique de France.* Bulletin, 1re série, T. V (1834), VII à XIV (1835-43); 2e S., T. IV à XXIX (1846-72); 3e S.,

T. I à VI (1873-78), 41 vol. — Table des T. I à XX de la 2e série (1844-63), 1 vol. — Liste des sociétaires, 1850, 1868 et 1876, 3 br. — Total : 43 vol.

PARIS. *Soc. de géographie.* Bulletin, 5e sér., T. XVII à XX (1869-70); 6e S., T. I à XIV (1871-77), 16 vol. — Table des matières de 1822 à 1843; id. de 1844 à 1861 ; 2 vol.

— *Club alpin français.* Annuaire, années I à IV (1874-77), 4 vol. et 3 atlas. — Bulletin, 1876-77, 1 vol. — Liste des membres, 1876 et 1877. Instruments pour excursions de montagnes, 3 br. (c).

— *Soc. protectrice des animaux.* Bulletin, 1859-61 (inc.); 1862-69, 7 vol. (c); 1870-72 (inc.).

PERPIGNAN. *Soc. agricole, scientifique et littéraire.* Bulletin, T. VII, XIII à XVI, XVIII à XXII (1848-75), 10 vol.

POLIGNY. *Soc. d'agriculture, sciences et arts.* Bulletin, T. II à XVIII (1861-77), 17 vol.

PRIVAS. *Soc. des sciences natur. et historiques.* Bulletin, Nos 1 à 10 (1861-76), 10 vol. (c).

RENNES. *Soc. des sciences physiques et naturelles.* Mémoires, T. I, livr. 1 et 2 (1863-65), 2 br.

— *Soc. d'horticulture.* Comptes-rendus pour 1874, 1 vol.

ROCHEFORT. *Soc. d'agric., sciences et arts.* Travaux, année 1873-74, 1 vol.

ROUEN. *Académie des sciences, belles-lettres et arts.* Précis des travaux, années 1862, 1867 à 1877, 11 vol.

— *Soc. d'émulation, du commerce et de l'industrie.* Bulletin, années 1846-49, 1850-52, 1862-63, 1865-76, 17 vol.

— *Soc. des amis des sciences naturelles.* Bulletin, T. I à XII (1865-77), 12 vol. (manque 2e sem. de 1874).

— *Commission des antiquités de la Seine-Inférieure.* Bulletin, T. I; II, Nos 1 et 2 ; III, No 1 (1867-73). — Procès-verbaux, T. I et II (1818-66), 2 vol.

SAINT-DIÉ. *Soc. philomatique vosgienne.* Bulletin, années I à III, (1875-78), 3 vol. et 1 suppl. (c).

— *Comice agricole.* Procès-verbaux, Nos 1, 6 à 12, 22, 23, 30, 31, 45 et 49 (1869-78), 14 br.

Saint-Etienne. *Société industrielle*. Bulletin, années 1833-37,
17 br. (inc.).

— *Soc. d'agriculture, industrie, sciences et arts*. Annales, T. XI
à XXI (1867-77), 10 vol.

Semur. *Soc. des sciences historiques et naturelles*. Bulletin ,
années II à XIII (1865-76), 11 vol.

Tarbes. *Soc. académique*. Bulletin , années V et VI, XI à XV,
(1857-72), 2 vol. et 4 fasc.

Toulon. *Soc. académique du Var*. Bulletin, 2e série, T. I à VII
(1868-76), 7 vol.

Toulouse. *Société d'histoire naturelle*. Bulletin, T. I à XII,
(1867-78), 4 vol. (c).

Tours. *Soc. d'agric., sciences et arts*. Annales , T. XXXIX à L
(1860-74), 7 vol. — T. LI à LV (inc.).

— *Société médicale*. Travaux, 1867-74, 4 fasc. (inc.).

Troyes. *Soc. académique de l'Aube*. Mémoires , 2e série, T. X
à XIV; 3e série, T. I à XIV (1859-77), 19 vol.

— *Soc. d'apiculture*. Bulletin, Nos 10 à 13, 21 à 44 (1869-78),
36 fasc.

Valenciennes. *Soc. d'agriculture, sciences et arts*. Revue agricole et industrielle , T. XII à XXIX (1861-76) , 17 vol. —
Mémoires hist. sur l'arrondt de Valenciennes, T. III, 1 vol.

Vannes. *Soc. polymathique du Morbihan*. Bulletin, années 1868
(2e sem.), 1869 à 1877, 4 vol.

Verdun. *Société philomathique*. Mémoires, T. VI à VIII (1863-
1877), 3 vol.

Versailles. *Soc. des sciences, lettres et arts*. Mémoires , T. I,
(1847), 1 vol.

— *Soc. d'agriculture et arts*. Bulletin , 2e série, T. VI et X,
(1872 et 1877), 2 fasc.

Vesoul. *Soc. d'agriculture, sciences et arts*. Bulletin, 3e série,
Nos I à VIII (1869-77), 8 vol. — Catalogue de la bibliothèque, 1874, 1 br.

Vitry-le-Français. *Soc. des sciences et arts*. Bulletin, T. I à III,
V et VI (1867-74), 5 vol.

## VII. Italie.

Rome. *Academia dei Lincei*. Memorie, vol. I. — Trausunti, vol. I et II (1877-78), 3 vol. 4°.

## VIII. Norwège.

Christiania. *Université royale*, 26 Mémoires :
Blytt. Christianio Omegns phanerogamer og Bregner, 1870, 8°.
Friele. Bergeus Omegn Schaldackte Mollusker, 1873, 8°.
Irgens et Hiortdahl. Geolog. Forhald paa Kyststrackningen, 1864, 4°.
Guldberg et Waage. Etudes sur les affinités chimiques, 1867, 4°.
— et Mohn. Sur les mouvements de l'atmosphère, 1876, 4°.
Kiser. Statistique officielle du royaume de Norwège, 1872, 4°.
Kjerulf. Skuringsmärker glacialformation, I et II, 1871-73, 4°.
Müller. Transfusion und Plethora. 1875, 8°.
Münster. Kise i visse Skifers i Norge of Amund Helland. 1873, 4°.
Sars. Norges Ferskvandskrebsdyr. Branchiopoda. 1865, 4°.
— On some remarkable Forms of animal life, I et II, 1872-1875, 4°.
— Kundskaben om Dyrelivet, etc., 1872, 8°.
— Kundskaben om Norges Hydroides, 1873, 8°.
— Schlægstype af Polizoer, etc., 1873, 8°.
— Carcinologiske Bidrag til Norges Fauna, I et II, 1870-72, 4°.
— Mémoire sur les crinoides vivants, 1868, 4°.
— Beskrivelse over Lophogaster typicus, 1862, 4°.
— Zool. Reise ved Kysterne af Christianias, etc., 1866, 8°.
Schübeler. Die Pflanzenwelt Norwegens, I et II, 1873-75, 4°.
Sène. Windrosen des südlichen Norwegen, 1876, 4°.
Seue (de). Le névé de Justedal et ses glaciers, 1870, 4°.
Sexe. Omegnen of Hardangerfjorden, 1866, 4°.
— Le glacier de Boium, 1869, 4°.
— On the Rise of Land in Scandinavia, 1872, 8°.
— Jaettegrider of gamle Strandlinier, etc., 1874, 4°.
Siebke. Enumeratio insectorum Norveg., 1 à IV, 1874-77, 8°.

## IX. Russie.

**Helsingsfors.** *Societas pro fauna et flora fennica.* Notiser,
1^re série, T. II et III (1852-57), 2 vol. 4°. — 2° sér., N°s 5
à 14 (1867-75), 10 fasc. 8°. — Acta, T. I (1875-79). —
Meddelanden, (1876-78), 4 fasc.

**Moscou.** *Soc. impériale des naturalistes.* Bulletin, T. XXVIII à
LIII (1865-78), 17 vol. 8°. — Nouveaux Mémoires, T. XIII,
3° livr., 1871, 1 fasc. 4°.

**Odessa.** *Soc. des naturalistes de la nouvelle Russie.* Mémoires,
T. I à V (1872-77), 5 vol.

**Saint-Pétersbourg.** *Académie impériale des sciences.* Bulletin,
T. I à XXV (1860-78), 25 vol. 4°. — Table générale des
matières, 1^re partie, 1 vol. 8° (c).

— *Jardin imp. de botanique.* Publications, T. I à V (1871-76),
4 vol. et 1 fasc.

## X. Suisse.

*Société helvétique des sciences naturelles.* Actes. Sessions 17°,
20°, 22°, 23°, 25°, 28°, 30°, 36° à 38°, 48° à 59° (1832-76),
22 vol.

**Aarau.** *Naturforschende Gesellschaft.* Festschrift, 1869, 1 vol.

**Bale.** *Naturforschende Gesellschaft.* Bericht über die Verhandlungen, N°s I à X (1835-52) avec table des matières; 10 fasc.
— Verhandlungen, T. I à VI (1854-78), 6 vol. (c).

— *Acta helvetica phys. mathem. botan. medica.* T. I à VII
(1751-1772), 4°, en 3 vol. — *Nova acta helvetica.* T. I,
(1787), 1 vol. 8°.

**Berne.** *Naturf. Gesellschaft.* Mittheilungen, années 1844-76,
N°s 13 à 922, 23 vol.

**Coire.** *Naturforschende Gesellschaft.* Jahresbericht, N°s I à XX,
(1854-76), 5 vol. et 2 fasc. — Naturgesch. Beiträge der
Umgebung von Chur, 1874, 1 vol. — Ardüser's rätische
Chronick, 1 vol. (c).

Genève. *Institut national genevois*. Mémoires, T. I à XIII, (1853-77), 7 vol. 4°. — Bulletin, T. I à XXII (1853-77), 22 vol. 8° (c).

— *Société ornithologique suisse*. Bulletin, T. I et II, 1re partie, (1865-68).

Lausanne. *Soc. vaudoise des sciences naturelles*. Bulletin, T. IV à XV, Nos 34 à 78, (1854-77), 12 vol.

Neufchatel. *Soc. des sciences naturelles*. Bulletin, T. I à XI, (1846-77), 11 vol. (c, sauf le 1er cahier du T. I).

Porrentruy. *Soc. jurassienne d'émulation*. Actes, Sessions I à XXII, (1849-71), 22 fasc. en 7 vol., (avec tables de 1849 à · 1869).

Saint-Gall. *Naturwissenschaftl. Gesellschaft*. Berichte, années 1864-74, 1876-77, 10 vol.

Schaffhouse. *Soc. entomologique de Suisse*. Bulletin, T. I à V, (1862-78), 5 vol. (c).

Sion. *Soc. murithienne de botanique*. Bulletin, Nos I à VI (1861-1876), 5 vol. (c).

Zurich. *Naturforschende Gesellschaft*. Abhandlungen, T. I et II (1761-64), 2 vol. — Vierteljahrschrift, années I à XIII, XV, XVI, XVIII à XXII (1856-77), 20 vol.

## B. Ouvrages généraux, revues et publications périodiques.

1. Annuaire normand, publié par l'association normande, XIe année, 1836, 1 vol.
2. Annuaire du département du Haut-Rhin. — An XII, an XIII, 1833, 1838, 1846, 1853, 1862, 1868, 8 vol.
3. Annuaire du bureau des longitudes. Années 1823, 1826, 1828 à 1840, 1842, 1844, 1846, 1850 à 1857, 1860 à 1862, 1864, 1866, 1876, 31 vol.
19. Association française pour l'avancement des sciences, 3e session à Lille en 1874, 1 vol.
4. Bibliothèque des Merveilles, 22 vol., savoir :
BADIN. Grottes et cavernes.
DU MONCEL. Le téléphone, le mécrophone et le phonographe.
DUPLESSIS. Les merveilles de la gravure.
FLAMMARION. Les Merveilles célestes.
FONVIELLE (W. de). Les Merveilles du monde invisible.
GIRARD. Les Métamorphoses des insectes.
JACQUEMART. Les Merveilles de la céramique.
LACOMBE. Armes et armures.
LANDRIN. Les Plages de la France.
MARION. Les Merveilles de la végétation.
MENAULT. L'Intelligence des animaux.
RADAU. L'Acoustique et les phénomènes du son.
REGNAUD. Histoire élémentaire des minéraux usuels.
SIMONIN. Les Merveilles du monde souterrain.
SAUREL. Le Fond de la mer.
TISSANDIER. La Houille.
VIARDOT. Les Merveilles de la peinture, 2 vol.
ZURCHER et MARGOLLÉ. Volcans et tremblements de terre.
—                     Les Ascensions célèbres.

Zürcher et Margollé. Les Météores.

Bois, Victor. La Télégraphie électrique.

17. Congrès internationnal des Américanistes. 1^re session à Nancy en 1875, 2 vol. — 2e session à Luxembourg en 1877, 2 vol.

5. Congrès scientifique de France, 10e session tenue à Strasbourg, en 1842. 2 vol. 8°, et Bulletin du congrès, 1 vol. 4^c. 28e session tenue à Bordeaux, en 1861, 5 vol.

    30e       —       à Chambéry, en 1863, 1 vol.

    31e       —       à Troyes, en 1864, 1 vol.

7. *Cosmos.* Revue encyclopédique hebdomadaire des progrès des sciences, rédigée par l'abbé Moigno, puis par V. Meunier, années 1854-55 et 1858 à 1870, 28 vol.

6. Encyclopédie ou dictionnaire raisonné des sciences, arts et métiers, par Diderot et d'Alembert. Neufchâtel, 1751-62, 17 vol. — Supplément à l'Encyclopédie. Amsterdam, 1776-1777, 4 vol. — Recueil de planches sur les sciences et les arts. Paris, 1763-72, 11 vol. — Suite du Recueil des planches. Amsterdam, 1777, 1. vol. — Table analytique et raisonnée. Paris, 1780, 2 vol. — Total 35 vol. fol.

10. Figuier. L'Année scientifique. Années 1857 (1^re) à 1866, 1869, 1872 à 1877, et table des matières. (1857-77), 19 vol. 12°

14. Marcou. De la Science en France. Paris, 1869, 3 br.

11 Meunier. La Science et les savants. Années I à IV, 1864-1867, 5 vol.

Meunier. Essais scientifiques. Tome I. 1857, 1 vol.

9. *Les Mondes.* Revue hebdomadaire des sciences par l'abbé Moigno. Années 1863 à 1872, 34 vol.

18. *La Nature*, revue des sciences par G. Tissandier, 1876 à 1878, 6 vol.

8. Revue scientifique et industrielle de Quesneville. 1845 à 1858 (incomplet), 8 vol. et 30 br.

12. Revue scientifique de la France et de l'Étranger, par Yung et Alglave. 1863 à 1878, 18 vol. 4° — Table des matières, 1864 à 1874, 1 vol. 8°, (c).

13. Revue des Sociétés savantes (sciences mathématiques, phy-
    siques et naturelles), 1re série, tomes I à VI, 1862-64, 6 vol.
13bis. Mémoires lus à la Sorbonne (archéologie), 1861-66, 5 v.
    —          —          (histoire et sciences morales,
    1861-66, 5 vol. 8°.
13ter. Distribution des récompenses aux Sociétés savantes. 1863,
    1864, 1867, 3 br. 8°.
15. *Statistische Mittheillungen aus Elsass-Lothringen* I à IX.
    9 vol.
16. STŒBER, A. *Alsatia*, tome I à X, années 1858 à 1874, avec
    table générale des matières, rel. en 7 vol.

---

## C. Sciences naturelles.

### I. GÉNÉRALITÉS.

1. Abhandlungen zur Naturgeschichte, Physik und Oeconomie.
   Leipzig, 1779, 1 vol.
2. BATSCH. Grundzüge der Naturgeschichte , Zoologie, Mineralogie und Botanik. Weimar, 1802, 3 vol.
4. BLUMENBACH. Manuel d'histoire naturelle. Metz, 1863, 2 vol.
   avec pl.
5. BUFFON. Histoire naturelle générale et particulière. Edition
   complétée et rédigée par C. S. SONNINI, Paris, an IX, 127 v.
   avec pl.
19. COMPANYO. Histoire naturelle du département des Pyrénées-
   Orientales. Perpignan, 1861-62, 3 vol.
6. Dictionnaire universel d'histoire naturelle, par VELMONT DE
   BOMARE. Lyon, 1776, 12°, 9 vol.
7. DUTROCHET. Recherches anat. et physiol. sur la structure
   intime des animaux et des végétaux. Paris, 1824. — Agent
   immédiat du mouvement vital chez les animaux et les végétaux. Paris, 1826, 1 vol.

8. EBRARD. Beiträge zur Naturkunde und der damit verwandten Wissenschaften. Hanover, 1787, Nᵒˢ 1 à 6, 3 vol.

18. *Feuille des jeunes naturalistes*, rédigée par E. ENGEL, 1870 à 1878, 3 vol. (c).

22. FRIESÉ. Oekonomische Naturgeschichte der beiden rheinischen Departemente. Strasb., 1807, 12ᵒ, 1 vol.

10. GUETTARD. Mémoires sur différentes parties des sciences et arts. Paris, 1768, 3 vol. 4ᵒ, et 1 vol. pl.

9. Hist. naturelle du Morbihan. Catalogues. Vannes, 1869, 2 br.

12. KRAMER. *Elenchus vegetabilium et animalium.* Vienne, 1756, 1 vol.

13. LUDWIG. *Delectus opusculorum ad scientiam naturalem spectantium.* Leipzig, 1790, 1 vol.

14. MACÉ, J. Histoire d'une bouchée de pain, 4ᵉ éd. Paris, 12ᵒ, 1 vol.

11. MAURY, A. La Terre et l'Homme. Paris, 1857, 1 vol.

3. Observations des phénomènes périodiques chez les plantes et les animaux. Bruxelles, 1842, 1 br., 4ᵒ.

21. OKEN. Ueber das Universum. — Ueber Licht und Wärme. — System der Erze. — Werth der Naturgeschichte. Jena, 1808, 4 br., 4ᵒ.

20. Revue des sciences naturelles, par DUBREUIL et HECKEL. Montpellier, 1872, tome Iᵉʳ, 2 br.

17. ROUMEGUÈRE. La botanique, la conchyliologie et la géologie dans le midi de la France. Toulouse, 1859, 1 br.

15. SCHEUCHZER. *Bibliotheca scriptorum historiæ naturalis.* Tiguri, 1716, 1 vol.

16. SCHWEDENBORG. *Opera 1ᵒ Principia rerum; 2ᵒ Regnum subterraneum.* Dresde, 1734, 2 vol. fol. avec pl.


## II. ANATOMIE GÉNÉRALE ET COMPARÉE, PHYSIOLOGIE, BIOLOGIE ET TÉRATOLOGIE.


1. BÆR. Neuer Fall von Zwillingen, die an der Stirne verwachsen sind. 1 br. 4ᵒ, pl.

14. Bleicher. De la reproduction chez les êtres organisés inférieurs. Strasb., 1869, 1 br. 4º.

17. Delplanque. Études tératologiques. Douai, 1869, 1 br.

2. Ducrotay de Blainville. Notice analytique sur ses travaux anat., physiol. et zoologiques. Paris, 1825, 4º, 1 br.

3. Godron. De l'esprit et des races dans les êtres organisés. Nancy, 1848, 1. br.

4. — Second mémoire sur les espèces et les races. Nancy, 1849, 1 br.

16. Harvei Guilelmi. *Exercitationes de generatione animalium*. Amst., 1651, 12º, 1 vol.

5. Hirn, A. Sur la vitesse du flux nerveux. 1867, 1 br.

6. Kæppelin. Des différents modes de reproduction des êtres vivants. Paris, 1860, 1 br.
— Homme et nature. Paris, 1867, 1 vol.
— L'Univers, Dieu et l'homme. Paris, 1867, 1 vol.

7. Leeuwenhock. *Arcana naturæ*. Delft, 1655, 4º, 2 vol.

8. Magendi. Précis élém. de physiologie. Paris, 1816, 2 vol.

15. Meckel. System der vergleichenden Anatomie. Halle, 1821-1831, 6 vol.

12. Pennetier. Origine de la vie. Paris, 1863, 1 vol.

9. Ryff. Anatomie contrafactur. Strasb., 1544, 4º, 1 vol.

10. Sacc. La Vie à la surface du globe. Neufch., 1866, 1 br.

11. Spallanzoni. Nouvelles recherches sur les découvertes microscopiques et la génération des êtres organisés, trad. par Neetham. Paris, 1769, 1 vol.

13. Schwartz, E. L'acte de la nutrition considéré sous le point de vue chimique. Mulh., 1847, 1 br.

18. Ziegler, M. Atonicité et zoïcité. Paris, 1874, 1 vol.

18bis. — Sur un fait physiologique observé sur les feuilles du Drosera. 1 br. 4º.

18ter. — Lutte pour l'existence entre l'organisme animal et les algues microscopiques. Paris, 1878, 1 vol.

### III. ANTROPOLOGIE, ARCHÉO-GÉOLOGIE ET TEMPS PRÉHISTORIQUES.

24. ARNAUD. Études préhistoriques dans le sud-est de Vaucluse. Paris, 1869, 1 br. avec pl.

17. BLEICHER. Quelques mots sur l'ancienneté de l'homme dans la vallée de l'Anio. — Étude sur l'ancienneté de l'homme dans le Latium. Colmar, 1865-67, 2 br. avec pl.

35. BLEICHER et FAUDEL. Matériaux pour une étude préhistorique de l'Alsace. Colmar, 1878, 1 vol. avec 16 pl.

1. BOURLOT. Histoire de l'homme antédiluvien, âge du mammouth, de l'ours des cavernes et du renne.—Hist. de l'homme préhistorique anté et postdiluvien. Colmar, 1868-69, 2 vol.

3. BOURJOT. Découverte d'une grotte à la pointe Pescade près d'Alger. — Promenades géol. et antropol. aux environs d'Alger. — Fouilles des dolmens près d'Alger par le D$^r$ Bertherand ; déduction anthropologiques. Alger, 1868, 3 b.

34. Catalogue de collections préhistoriques diverses.

4. CHATEL. Lettre relative aux silex taillés, adressée à M. Boucher de Perthes. 1866, 1 br.

5. Congrès international d'anthropologie et d'archéologie préhistoriques. C. r. de la 2$^e$ session. Paris, 1867, 1 vol., pl.

6 DESOR. Les palafittes ou constructions lacustres du lac de Neufchâtel. Paris, 1865, 1 vol. pl.

30. DOR. Notiz über drei Schädel aus der Schweitz. Pfahlbaüten. Bern, 1853, 1 vol.

7. FAUDEL. Note sur la découverte d'ossements fossiles humains dans le lehm, à Eguisheim près Colmar. Recherches chimiques sur ces ossements, par M. SCHEURER-KESTNER. Colmar, 1867, 1 br. pl.

32. EWANS, JOHN. Les âges de la pierre dans la Grande-Bretagne. Paris, 1878, 1 vol. avec pl.

27. FÉE. Origine de l'homme. Strasb., 1869, 1 br.

25. FILIPPI. Le déluge de Noé, traduct. par Pommier. Paris, 1859, 1 br.

2. FISCHER, H. Nephrit und Jadeit. Stuttg., 1875, 1 vol. (inc.)

8. Fournet. Découvertes dans la mine de sel de Hallstadt. 1 b.

9. Gaudry. Contemporanéité de l'espèce humaine et de diverses espèces animales, aujourd'hui éteintes. Paris, 1861, 1 br.

10. Godron. Mémoire sur les ossements humains trouvés dans une caverne des environs de Toul. Nancy, 1864, 1 br.

11. — L'âge de la pierre en Lorraine. Nancy, 1864, 1 br.

12. Grad. Notice sur les progrès et l'enseignement de l'anthropologie. — Notice sur les grottes de Cravanche et l'homme préhist. en Alsace. Colmar, 1868-77, 2 br.

26. Hamy. Précis de paléontologie humaine. Paris, 1870, 1 vol.

13. Instructions générales pour les recherches antropologiques. Paris, 1865, 1 br.

14. Lagneau. Inst. sur l'anthropol. de la France. Paris, 1861, 1 b.

33. Lambert. Morphologie du syst. dentaire. Bruxel., 1877, 1 b.

15. Lehon. L'homme fossile en Europe ; son industrie, ses mœurs et ses œuvres d'art. Bruxelles, 1867, 1 vol avec pl.

28. Lereboullet. Esq. zoolog. sur l'homme. Strasb., 1842, 1 b.

16. Malbas (de). Mémoires sur les grottes du Vivarais. 1 b.

18. Matériaux pour l'histoire primitive et naturelle de l'homme, par MM. de Mortillet et Cartailhac. Paris et Toulouse, 1865-78, 13 vol. av. pl. (c).

20. Quiquerez. De l'âge de fer ; Recherches sur les anciennes forges du Jura Bernois. Porrentruy, 1866, 1 vol. avec pl.

21. Robert. Interprétation naturelle des pierres et des os travaillés par les habit. primitifs des Gaules. Paris, 1863, 1 br.

19. Schaafhausen. Die Lehre Darwin's und die Anthropologie. 1869, 1 br. 4°.

22. Trutat. Du terrain quaternaire et de l'ancienneté de l'homme dans le nord de la France, d'après les leçons de M. d'Archiac, Paris, 1863, 1 br.

23. Vogt. Leçon sur l'homme, sa place dans la création et dans l'histoire de la terre. trad. par Moulinié. Paris, 1863, 1 vol.

29. Voulot. Les Vosges avant l'histoire. A, B, C d'une science nouvelle. Mulhouse, 1872, 1 vol. 4° avec 80 pl.

31. — Note géolog. et antropol. sur le Mont-vaudois et la caverne de Cravanche. Paris, 1876, 4°, 1 br.

## IV. ZOOLOGIE.

1. Mémoires d'entomologie extraits des *Annales de la Société entomologique de France*. 18 br.

    BUQUET. Sur le genre *Stenoscelis*, 1 br.

    FALLOU. Sur les *Chelonia*. — Cas d'hermaphrodisme chez un lépidoptère rhopalocère. — Une semaine à Zermatt. — Sur la *Setina andereggi*. — Sur deux lépidoptères de Zermatt. — Sur les variations des lépidoptères. — Ravages de l'*Heliothis armigera*. — Variété de *Bombyx quercus*. — Excursion dans l'Ardèche. — Poulaliers roulants contre les larves de hannetons. — Eau pulvérisée dans l'éducation des chenilles. 11 br.

    JOURDHEUIL. Aberration de la *Chelonia quinselii*, 1 br.

    LABOULBÊNE. Note sur l'organe musicale de la *Chelonia pudica*. 1 br.

    LETHIERRY. Excursion en Savoie en juillet 1861. 1 br.

    MARTIN. Session de Clermont en 1859. 1 br.

    OBERTHUR. Excursion dans la Lozère en 1863. 1 br.

    PEYRON et MARTIN. Excursion des Pyrénées en 1862. 1 b.

2. BÆR. Ueber die ehemalige Verbreitung und gänzliche Vertilgung der nordischen Seekuh, 1838, 1 br. 4°.

81. BELLEVOYE. Observations sur les mœurs de plusieurs espèces de coléoptères qui vivent sur les plantes aquatiques dans la Moselle. — Insectes nouveaux ou rares dans les environs de Metz. — Insectes vivants sur les tilleuls de l'esplanade de Metz. Metz, 1870-76, 3 br.

3. BENETT. Of Kanguroo. — Of genus Lagotis. 2 br. 4°, pl.

52. BERCHON, DE FOLIN et PÈRIER. Les fonds de la mer; étude sur les régions sous marines. Bordeaux, 1867-69, 8 liv. en 1 vol. avec pl.

106. BERGE. Conchylienbuch. Stuttg., 1855, 1 vol. 4°. pl. col.

72. BINNEY et BLAND. Land and Fresch Water Shells of North America. I. Pulmonata geophila. Wash , 1869, 1 v., pl.

119. BLANCHARD. Les poissons des eaux douces de la France. Paris, 1866, 1 vol. avec pl.

116. BLOCH. Naturgeschichte der Fische Deutschland. Berlin, 1782, 1 vol. 4° et 1 vol. pl.

109. BOISDUVAL. *Europaearum Lepidopterum index methodicus.* Paris, 1829, 1 vol. (avec notes de M. Hochstetter).
— Congrès entomologique de Grenoble en 1858, 1 br.

4. BOITARD. Le jardin des plantes. Description et mœurs des mammifères de la Ménagerie et du Museum. 1 v. 4°, pl.

93. — Manuel d'entomologie. Paris, 1828, 12°, 2 vol.

107. BOURGEOIS, J. Note sur le *Doryphora decemlineata*. — Tableau des espèces françaises du genre *Cicindela*. — Quelques mots sur les mœurs de la Galéruque de l'orme. — Diagnoses de Lycides nouveaux. 4 br.

5. BOURGUIGNAT. Malacologie du lac des Quatre-Cantons et de ses environs. Paris, 1862, 8°, 1 vol. avec pl.

118. BOUVIER. Catalogue de la collection ornithologique de la la maison Bouvier. Paris, 1874, 1 vol.

6. BRAUER. Nevroptera austriaca. Wien, 1857, 1 vol., pl

78. BREHM. La vie des animaux illustrée. Mammifères. Paris, 1866, gr. 8°, 2 vol. avec pl.

36. BUFFON. (Nouvelles suites à) 25 vol., 8° avec pl. (*)
Hist. nat. des insectes Aptères, p. WALKENÆR, 4 v. et 1 v. pl.
— — — Coléoptères, par LACORDAIRE, 9 vol.
— — — Diptères, par MACQUART, 2 vol.
— — — Hémiptères, p. AMYOT et AUDINET-SERVILLE, 1 v.
— — — Hyménoptères par le C^te LEPELETIER DE SAINT-FARGEAU, 4 vol.
— — — Névroptères, par RAMBUR, 1 vol.
— — — Orthoptères, par AUDINET-SERVILLE, 1 vol.
— — des Crustacés, par MILNE-EDWARDS, 3 vol.

7. BUSCH. *De Selachiorum et Ganoidorum encephalo.* Berlin, 1848, 4°, 1 br. avec pl.

8. CADET DE VAUX. De la taupe, de ses mœurs et des moyens de la détruire. Paris, 1803, 12°, 1 vol.

9. CALWER. Kæferbuch, Stuttg., 1858, 8°, 1 vol. av. pl.

10. Catalogue des oiseaux d'Europe, par FAZUDAKI, d'après la classification du prince Bonaparte. Paris, 1856, 4°, 1 b.

11. Chenu. Encyclopédie d'histoire naturelle. Coléoptères. Paris, 2 vol. 4°, avec pl.

12. — Notice sur le Musée conchyliologique de Benjamin Delessert. Paris, 1844, 8°, 1 br.

13. — Leçons élémentaires sur l'histoire naturelle des animaux. Conchyliologie. Paris, 1847, 8°, 1 vol. avec pl.

14. — Manuel de conchyliologie, Paris, 1862, 8°, 2 vol., pl.

79. Claudon. Note sur quelques coléoptères nouveaux des environs de Colmar. Colmar, 1869, 8°, 1 br.

99. Colbeau. Matériaux pour la faune malacologique de Belgique. 1. Liste des mollusques terrestres et fluviales de Belgique. Bruxelles, 1859, 1 br. avec pl.

98. Contejean. Essai d'une classification des mammifères. Montpellier, 1872, 1 br.

15. Cuvier. Tableau élémentaire de l'histoire naturelle des animaux. Paris, an VI, 1 vol.

16. Degland et Gerbe. Ornithol. europ. Paris, 1862, 8°, 2 v.

17. Delafontaine. Faune du pays de Luxembourg. Luxemb., 1865-72, 1 vol.

111. Deyrolle. Petites nouvelles entomologiques. 1869-75, n$^{os}$ 1 à 138, Paris, 4°, 2 vol.

18. Ducrotay de Blainville. Dissertation sur la place que la famille des Ornithorinques et des Echidnés doit occuper dans les séries naturelles. Paris, 1812, 4°, 1 br.

19. Dureau. Étude sur les poissons élect. Paris, 1868, 1 br.

20. Duvernoy, G.-L. Discours de clôture des cours d'hist. nat. de la faculté des sciences de Strasb. en 1828. 1 br, 8°.— Notice sur les *Felis chalybeata* et *guttata*. — Observations sur le canal alimentaire des Semnopithéques. 2 br. 4°, av. pl. — Mémoire sur les dents des musaraignes. Paris, 1844, 4°, 1 vol. av. pl.

21. Fabricius. *Genera insectorum*. 1 vol.

115. Fettig. Les insectes nuisibles de l'Alsace avec un aperçu des insectes utiles. Colmar, 1876, 8°, 1 br.

22. Fieber. Europäischen Hemiptera. Wien, 1861, 1 vol., pl.

112. Fieber. Les Cicadines d'Europe, trad. par F. Reiber. Paris, 1875, 1 vol.

95. Fischer. *Dissertatio zoologica, sistens enumerationem coleopterorum circà Friburg. Brisg. indigenarum.* Frib. 1843, 1 vol.

71. Folin (de) Les Méléagrinicoles, espèces nouvelles. Le Hâvre, 1867, 8°, 1 vol. av. pl. — Le genre *Meioceras*. Angèrs, 1869, 1 br. av. pl.

23. Frisch. Beschreibung von allerley Insecten in Deutschland. Berlin, 1720, 1 vol.

87. Gassies. Faune conchyliologique terrestre et fluvio lacustre de la Nouvelle-Calédonie. Bordeaux, 1863, 1 vol. av. pl.

24. Gauthier. Description anatomique du système cutané du porc-épic. 1 br. 4°.

86. Gérard, Ch. Essai d'une faune historique des mammifères sauvages de l'Alsace. Colmar, 1871, 8°, 1 vol.

25. Gessner. Thierbuch. Francf., 1669, 1 vol. fol.

26. Godron. Zoologie de la Lorraine. Nancy, 1863, 1 vol.

101. — Les perles de la Vologne et le Château-sur-Perle. 1869, 1 br.

88. Gould, A. Report an the invertebrata of Massachusetts. Boston, 1870, 1 vol. avec pl.

55. Grad, Ch. Rapport sur la faune historique des mammifères sauvages de l'Alsace, par M. Gérard. Colmar, 1872, 1 b.

117. Gouan, A. Hist. des poissons. Strasb., 1770, 1 vol, 4°, pl.

94. Guérin Méneville. Revue et magasin de zoologie. 1871-1872, 1 vol.

27. Gyllenhal. *Insecta Suecica.* Leipz., 1808-27, 4 vol.

89. Hagenmüller. Catalogue des mollusques terrestres et fluviatiles d'Alsace. Colmar, 1872, 8°, 1 br.

28. Hartlaub. System der Ornithologie West-Africas. Brême, 1857, 8°, 1 vol.

85. Herr, O. Die Kæfer der Schweiz. Neufchâtel, 1837, livraisons I à III.

90. Hermann, J. *Tabulae affinitatum animalium.* Arg. 1783, 4°, 1 vol.

91. — *Observationes Zoologicae (opus posthumus)*. *Arg.* 1804, 4°, 1 vol.

92. HERMANN, J.-F. (fils). Mémoire aptérologique, publié par F.-L. Hammer. Strasb., 1804, 1 vol. fol°., avec pl. col.

111. HOFFMANN, E. Anatomie und Physiologie des *nervus vagus* bei Fischen. Giessen, 1860, 4°, 1 br.

29. JAQUEL (l'abbé). Zoologie du canton de Gérardmer, 1 vol.

30. JAUBERT et BARTHÉLEMY LAPOMMERAYE. Richesses ornithologique du midi de la France, Marseille, 1859, 1 vol., 4° avec pl. col. (*)

31. JOUAN. Coup-d'œil sur l'histoire naturelle du Japon. — Zoologie de la Nouvelle-Calédonie. — Note sur quelques oiseaux des îles du grand Océan. — Poissons de mer de Hong-Kong. — Poissons nuisibles du Japon. — Histoire naturelle de la Corée. — Faune ichthyol. de la Basse-Cochinchine. — Notice sur un squelette de Gorille. — Poissons de mer observés à Cherbourg en 1858 et 1859. —Mémoire sur les baleines et les cachalots. —Animaux observés pendant une traversée de Cherbourg à la Nouvelle-Calédonie. — Essai sur la faune de la Nouvelle-Calédonie. — 15 br.

32. KAMPMANN. *Catalogus Coleopterorum vallis rhenanae alsatico badeusis* Colmar, 1860, 8°, 1 br.

33. — De la bêche. Colmar, 1861, 1 br.

34. KRAATZ. Revision der Tenebrioniden der alten Welt. Berlin, 1865, 1 vol.

35. KRŒNER. Aperçu des oiseaux de l'Alsace et des Vosges. Strasbourg, 1865, 8°, 1 vol.

37. LALLEMANT. De l'invasion des sauterelles en Algérie. — Erpétologie de l'Algérie. — Acclimatation des *Helix vermiculata* et *candidissima* dans le nord de la France. — Malacologie des environs d'Alger. — 4 br.

77. LALLEMANT et SERVAIN. Catalogue des mollusques terrestres et fluviatiles de Jaulganne (Aisne) Paris, 1869, 1 b.

38. LAMARCK. Système des animaux sans vertèbres. Paris, 1801, 8°, 1 vol.

39. LAWES. Respiration and the Guding of animals. Londres, 1853, 1 br.

40. LEPRIEUR. La chasse aux coléoptères. Colmar, 1866. 1 v. — Note sur quelques coléoptères des environs de Colmar. — Note sur le genre *Haemonia*. — Monographie des Rhinocyllides. — Id. des Larinus. — Id. des Lixus. — Description d'une nouvelle espèce d'*Hypera*. — Genre *Stenus*. — Larve du *Teretrius parasitica*. — Sur l'*Hydrophilus inermis*. — De l'alcool arsénieux pour la conservation des collections entomologiques. — 10 br.

102. LEREBOULLET. Coup d'œil sur l'organisation, les mœurs, la distribution géographique et le rôle des oiseaux. Strasb., 1855, 12°, 1 br.

120. LEUTHNER. Die mittelrheinische Fischfauna. Bâle, 1877, 8°, 1 vol.

41. LINNÉE. *Animalium specierum methodica dispositio.* Leyde, 1758, 8°, 1 vol.

42. — *Fauna suecica.* Lugd. Batav. 1746, 1 vol., pl.

43. LOWE. *Alepisaurus ferox.* 1 br. 4° avec pl.

105. MACKER, A. Note sur la perdrix voyageuse. Colm., 1874, 1 b.

45. MALHERBE. Du rôle des oiseaux chez les anciens et les modernes. Metz, 1844. — Catalogue raisonné des oiseaux de l'Algérie. 1855. — Faune ornithologique de l'Algérie. 1855. — Note sur quelques espèces de pics. 1849. — 4 br.

46. MARSEUL. Catalogus coleopterum Europae et confinium. 1 v.

47. METAXA. Monographia dei serpenti di Roma. Rome, 1823, 4°, 1 br. avec pl.

96. MEDICUS, W. Verzeichniss der in der Pfalz vorkommenden Käfer. Neustadt, 1863, 1 br.

48. MILNE-EDWARDS. Rapport sur les progrès récents des sciences zoologiques en France. Paris, 1867, 1 vol.

122. — Cours élémentaire de Zoologie. Paris, 1858, 1 vol. 12°.

49. Monographie du trigonocéplale des Antilles. 1 br.

50. MOQUIN-TANDON. Histoire naturelle des mollusques terrestres et fluviatiles de France. Paris, 1855, 8°, 2 vol. et atlas. (*)

51. Monro. Vergleichung des Baues und Physiologie der Fische. Leipzig, 1787, 1. vol. av. pl.

84. Morlet. Catalogue des mollusques terrestres et fluviatiles des environs de Neuf-Brisach, Colmar et Belfort. — Monographie du genre *Ringicula*. Paris, 1878. — 2 vol.

121. Olivier. La chrysomèle des pommes de terre. Besançon, 1878, 12°, 1 br.

53. Pallas. Spicilegia zoologica. Berlin, 1777, 1 vol. pl.

54. Peyerimhoff (H. de). Catalogue des Lépidoptères d'Alsace, avec suppléments. — Une observation sur les mœurs de la mésange grosse charbonnière. — Le ver de la vigne. — Excursion entomologique dans les Hautes-Vosges. Colm., 1862-74, 1 vol.

54<sup>bis</sup>. Étude sur l'organisation extérieure des Tordeuses. Paris, 1877, 1 vol. av. pl.

100. Pierrat. Catalogue des Orthoptères observés en Alsace et dans la chaîne des Vosges. Colmar, 1877, 1 br.

108. Pouchet. Lettre sur les bancs d'anguilles de la Seine. Rouen, 1855, 1 br.

74. Preudhomme de Borre. Description d'une nouvelle espèce américaine du genre caïman. — Id. d'une nouvelle espèce africaine du genre *Varana*. — Id. d'un jeune individu de la *Dermatemys Madii*. — Y a-t-il des faunes naturelles distinctes à la surface du globe. Bruxelles, 4 br.

113. Puton, A. Catalogue des Hémiptères d'Europe. 2<sup>e</sup> édit. Paris, 1875, 8°, 1 vol.

116. Puton, E. Essai sur les mollusques terrestres et fluviatiles des Vosges. Épinal, 1847, 1 vol.

44. Réaumur (de). Mémoires pour servir à l'histoire des insectes. Paris, 1734, 4°, 6 vol. av. pl.

104. Reiber F. Les insectes de la promenade Lenôtre à Strasbourg. — Coléoptères nouveaux ou rares pour l'Alsace et les Vosges. — Régions entomol. de l'Alsace. — Promenade entomol. à l'île du Rhin près Strasbourg. Colmar, 1874-78, 2 br.

104<sup>bis</sup>. REIBER et PUTON. Catalogue des hémiptères-hétéroptères de l'Alsace et de la Lorraine. Colmar, 1876, 8°, 1 br.

56. REICHENBACH. *Trochilinarum enumeratio.* Leipzig, 1855, 1 br.

80. ROUMEGUÈRE. De la Paludine de Moquin. — Anomalies des mollusques des env. de Toulouse. Toulouse, 1858, 2 br.

57. RUMPHIUS. *Thesaurus imaginum piscium, testaceorum,* etc. 1 vol. in-fol. av. pl.

58. SACC. Note sur la marmotte des Alpes. 1 br.

59. SAINT-FIRMIN (M. DE). De l'existence du grand épervier. Colmar, 1854, 1 br.

97. SAHLER, A. Catalogue raisonné des animaux vertébrés de l'arrond. de Montbéliard. Montb., 1867, 8°, 1 vol.

60. SALERNE. Histoire naturelle des oiseaux. Paris, 1767, 4°, 1 vol.

61. SANDER-RANG. Manuel de l'histoire naturelle des mollusques. 1 vol. avec atlas.

63. SAUSSURE (DE). Mélanges hyménoptéorologiques. Genève, 1863, 4°, 1 br.

64. SCHAUM. Catalogus coleopterum Europae. Berlin, 1862, 1 vol.

65. SCHNEIDER. Petri Artidi synonimia piscium graeca et latina. 1789, 1 vol.

62. SCHINER. Fauna austriaca. Die Fliegen (Diptera). Wien, 1862-64, 2 vol.

75. SCHINZ. Systematisches Verzeichniss aller bis jetzt bekannten Säugethiere. Solothurn, 1844, 8°, 2 vol. (*)

66. SILBERMANN. Aperçu des coléoptères d'Alsace. Mulh. 1 br.

66<sup>bis</sup>. — De la chasse aux coléoptères et de la manière de les conserver. Str. 1833, 8°, 1 vol.

66<sup>ter</sup>. — Revue entomologique. Strasb., 1833-37, livraisons 1 à 30 (sauf la 8<sup>me</sup>). 29 fasc.

66<sup>4</sup>. — Énumération des entomologistes vivants; notes sur les Musées et Sociétés d'entomologie. Strasb., 1835, 1 vol.

103. Staudinger et Wocke. Catalog der Lepidopteren Europas und der angrenzenden Länder. Dresde, 1861, 8°, 1 vol.

67. Synopsis des oiseaux des familles des Paradisiers et des Épimaques. 1 br.

68. Temminck. Manuel d'ornithologie des oiseaux qui se trouvent en Europe. Paris, 1820, 8°, 4 vol. (')

83. Toussenel. Le monde des oiseaux. Paris, 1853-55, 8°, 3 vol.

69. Venance Payot. Erpétologie, malacologie et paléontologie des environs du Mont-Blanc. Lyon, 1864, 1 br.

76. Verreaux. Catalogue de la collection ornithol. de la maison E. Verreaux. Paris, 1868, 8°, 1 vol.

70. Wencker et Silbermann. Catalogue des coléoptères de l'Alsace et des Vosges. Strasb., 1866, 8°, 1 vol.

82. Woodward, trad. par Humbert. Manuel de conchyliologie. Paris, 1870, 1 vol. av. pl.

73. Würtz, G.-Ch. *Affinitatum animalium tabulam breve commentario illustratam.* Arg., 1777, 4°, 1 br.


## V. MINÉRALOGIE ET GÉOLOGIE.

111. Abhandlungen zur geolog. Specialkarte von Elsass-Lothringen, Band I. Strasb., 1875-77, 1 vol. 4° av. pl.

1. Agricola. *De re metallica.* Bâle, 1757, 1 vol. fol. av. pl.

119. Armbruster. Notions géologiques appliquées au territoire de Belfort. Belf., 1876, 1 br.

71. Arnaud. Catalogue des espèces minérales des environs d'Apt. — Notice sur un *Saurocephalus* de l'étage aptien. — Étude géol. sur le gisement de soufre des Tapets. Apt, 1866-67, 3 br.

74. Barrande. Réapparition du genre *Arethusina,* Barr. — Faune silurienne de Hof en Bavière. — Documents sur la faune primordiale et le système taconique en Amérique. — Trilobites. — Crustacés et poissons des dépôts siluriens de la Bohême. Prague, 1861-72, 3 vol. et 2 br.

2. Batka. Ueber die Entstehung der Harze in der Natur. Prague, 1847, 1 br. 4°.

3. Benoit. Note sur le terrain glaciaire de la vallée de Giromagny. Colm., 1863. — Considérations sur la décomposition des roches. Montb., 1863. — Roche striée de Giromagny. Colm., 1865. — 3 br.

4. Bernouilli. Grundriss der Mineralogie. Bâle, 1821, 1 vol.

5. Bertrand. Lettres sur les révolutions du globe. Paris, 1 v.

97. Berzelius. Nouveau système de minéralogie. Paris, 1819, 1 vol.

96. Beudant. Cours élémentaire de minéralogie et de géologie. Paris, 1858, 1 vol. 12°.

6. Bleasdale. Note sur les gemmes trouvées dans Victoria; trad. par Lissignol. Melbourne, 1867, 1 br.

7. Bleicher. Essai d'une monographie géol. du Mont-Sacré. Colm., 1865. — Recherches géol. faites dans les environs de Rome. Colm., 1867. — 2 br. av. pl.

— Essai de paléontologie de l'Oolithe inf. des bords S. et S.-O. du plateau central. 1872, 1 br.

— Sur la présence de tuf volcanique avec végétaux fossiles dans la dolérite du Kayserstuhl. Colm., 1865, 1 br.

— Essai de géologie comparée des Pyrénées, du plateau central et des Vosges. Colm., 1870, 8°, 1 vol. av. pl.

8. Bourlot. Réaction de la haute température et des mouvements de la mer ignée interne sur la croûte ext. du globe. Études sur les mouvements diurnes ou les marées du sol. — Études sur les dénivellations séculaires des terrains superficiels. — Changements de niveaux des sols dans la Bretagne et la presqu'île scandinave. Colm., 1865-1866, 3 br.

118. Boutillier. Excursion en Auvergne. — Notice sur un dépôt alluvial de Saint-Aubin-sur-Mer. — Rapport géol. sur l'excursion faite à Amiens. — Id. à Beauvais. — Rouen, 1876-77, 4 br.

83. Brochant. Traité élém. de minéralogie. Paris, an IX, 2 vol.

92. Burat. Abrégé de géologie. Paris, 1835, 1 vol.

106. Carte minéralogique de l'Alsace. Strasbourg s. d. (1 feuille collée sur toile).

72. Carte géol. du grand-duché du Luxembourg, en 6 feuilles, texte par WIES et SIEGEN. Luxemb., 1877 (dans un étui).

9. CHEVILLARD. Terrain dévonien de Chagey près d'Héricourt. Paris, 1867, 1 br.

10. COLLARD. Notice sur les mines de Giromagny. Nancy, 1843, 1 br.

11. CONTEJEAN. Étude sur l'étage kimméridien dans les environs de Montbéliard et le Jura. Paris, 1859, 1 vol. av. pl.

12. COQUAND. Discours d'inauguration du cours de géologie de la Faculté de Marseille en 1860. — Note sur les minerais de fer de l'Aveyron, du Lot, etc. Paris, 1849. — Description géol. de l'étage purbeckien dans les Deux-Charentes. 1859. — Description des solfatares, alunières et lagoni de la Toscane. 1848. 4 br. — Description des terrains primaires et ignés du Var. Paris, 1849, 1 br. 4° av. pl.

12bis. — Traité des roches considérées au point de vue de leur origine, de leur composition, de leur gisement, etc. Besançon, 1856, 1 vol.

13. CUVIER. Recherches sur les ossements fossiles. Paris, 1834-1836, 4e édit., 10 vol. 8° et 2 vol. atlas in-4°.

14. DAUBRÉE. Observations sur les alluvions anciennes et modernes d'une partie du bassin du Rhin. Strasb., 1850, 1 vol. 4° av. pl.

14bis — Classification de la collection des roches du Museum d'hist. nat. de Paris. Paris, 1867. — Mémoire sur le gisement du bitume du terrain tertiaire des environs de Pechelbronn et Lobsann. Paris, 1850. — La chaleur intérieure du globe. Paris, 1866. — Expériences sur la production artificielle de l'apatite, de la topaze, etc. — 4 br. 8°.

14ter — Expériences synthétiques relatives aux météorites. Paris, 1866. — Recherches sur la production artificielle des minéraux de la famille des silicates et des aluminates, par la réaction des vapeurs sur les roches. Paris, 1859. — 2 br. 4°.

105. — Description géol. et minéralogique du départ. du Bas-Rhin. Str., 1852, 1 vol. 8° et 1 atlas.

70. DECHEN (DE). Geolog. Uebersichtskarte der Rheinprovinz und Westphalens. Berlin, 1866, 1 br. et 1 carte.

15. DELBOS. Recherches sur les ossements fossiles des cavernes de Sentheim. — Rapport sur les puits artésiens du Sahara. Mulh., 1862. — 2 br.

16. DELBOS et KŒCHLIN-SCHLUMBERGER. Description géologique et minéralogique du département du Haut-Rhin. Colm., 1866-1867, 2 vol. et atlas. (*)
—  Grande carte géol. du Haut-Rhin en 4 feuilles (collée sur toile, dans un étui).

17. DELESSE. Recherches sur l'origine des roches. — Procédé mécanique pour déterminer la composition des roches. Paris, 1862-65. — 2 br.

19. DELIUS. Traité de l'exploitation des mines, traduit par SCHREIBER. Paris, 1778, 2 vol. 4° av. pl.

20. DESOR et GRESSLY. Études géol. sur le Jura neufchâtelois. Neufch., 1859, 1 vol. 4° av. pl.

81. DESPECHER. Notice sur les concessions de Sainte-Marie et de La Croix-aux-Mines. Paris, 1878, 4°, 1 br.

116. DIETRICH. La Chronique des mines de Sainte-Marie de Jean Haubensack. Colm., 1877, 1 br.

21. DIETRICH (Baron de). Description des gîtes de minerai et des bouches à feu de la France : 1° Pyrénées ; 2° Alsace. Paris, 1786-89, 2 vol. 4° av. pl.

22. DUFRESNOY. Traité de minéralogie. 2e éd. Paris, 1856-59, 4 vol. avec atlas. (*)

23bis. DUFRESNOY et E. DE BEAUMONT. Mémoire pour servir à la Description géol. de la France. Paris, 1832, 2 vol. 8° (le 1er incomplet).

23. — Carte géologique de France, tableau d'assemblage, (1 feuille collée sur toile).

102. DUPERRON DE CASTERA. Histoire du mont Vésuve. Paris, 1744, 1 vol. in-12 av. pl.

24. Durwell. Aperçu géol. du canton de Guebwiller. Guebw., 1856, 1 vol. av. pl.

25. Ebray. Stratigraphie des terrains jurassiques de l'Ardèche. Lyon, 1864, 1 br. av. pl.

26. Eisenlohr. Description du Kaiserstuhl, trad. par Glaye. Épinal, 1838, 1 vol. av. pl.

26bis. — Geognostische Beschreibung des Kayserstuhls. Carlsruhe, 1829, 1 vol. av. pl.

27. Élie de Beaumont. Notice sur les systèmes de montagnes. Paris, 1852, 3 vol.

93. Etallon. Études paléontol. sur le Haut-Jura. Rayonnés du corallien. Besançon, 1858, 1 vol.

33. Falsan. Notice sur la géologie et la minéralogie du canton d'Hyères. Lyon, 1865, 1 br.

28. Ferber. Lettres sur la minéralogie de l'Italie, avec notes de M. de Dietrich. Strasbourg, 1776, 1 vol.

100. Fischer. Ueber das sogenannte Katzenauge und den Faserquarz. 1 br.

29. Fournet. Histoire de la Dolomie. Lyon, 1847, 1 vol. pl.

29bis. — Gîtes de molybdène sulfuré. Lyon, 1866. — Aperçu sur la nécessité d'un traité de minéralogie élémentaire. 1867. — Lettre à M. Daubrée concernant le métamorphisme. 1867. — Notice sur la cristallisation des silicates vitreux. — 3 br. 8°.

29ter. — Géologie lyonnaise. Lyon, 1861, 1 vol. 8° av. pl.

86. Fromherz. Geogn. Beobachtungen über die Diluvialgebilde des Schwarzwaldes. Freib., 1842, 1 vol. av. pl.

30. Frossard. Guide du géologue dans les Pyrénées centrales. Bagnères-de-Bigorre, 1858, 1 br.

31. Fuchs. Mémoire sur le gisement salin de Stassfurt-Anhalt. Paris, 1865. — Mémoire sur les gîtes de fer de la côte S -O. de la Norwège. 1866. — L'Isthme de Gabés. 1877. — 3 br.

32. Gerhard. Grundriss des Mineralsystems. Berlin, 1786, 1 v.

120. Giraudeau. La Géologie (poème). Paris s. d., 1 br.

108. Gosselet. Les progrès de la géologie dans le Nord depuis dix ans. Lille, 1874, 1 br.

87. Grad, Ch. Rapport sur le traité de paléontologie végétale de W.-Ph. Schimper. Colm., 1865, 1 br.

— Examen de la théorie des systèmes de montagnes dans ses rapports avec les progrès de la stratigraphie. Paris, 1871, 1 br. avec carte.

— Étude sur le terrain quaternaire du Sahara algérien. Paris, 1872, 1 br.

— Considérations sur la géologie et le régime des eaux du Sahara algérien. Paris, 1873, 1 br.

— Considérations sur les progrès et l'état présent des sciences naturelles. I. Géologie et paléontologie. Paris, 1874, 1 br.

— Les glaciers et les causes de leur mouvement. Paris, 1874, 1 br.

— Description des formations glaciaires de la chaîne des Vosges. Colmar, 1873, 1 br.

— Le massif des Vosges et les restes de ses anciens glaciers. Paris, 1874, 1 br.

— Étude sur les Vosges ; orographie de la chaîne des Basses-Vosges. Paris, 1 br.

— Visite aux mines de Wieliezka. Colmar, 1878, 1 br.

34. Graffenauer. Essai d'une minéralogie économico-technique de l'Alsace. Strasb., 1806, 1 vol. pl.

34bis. — Histoire naturelle, chimique et technique du succin ou ambre jaune. Paris, 1821, 1 vol.

91. Gras, Scipion. Statistique minéralogique du départem. des Basses-Alpes. Grenoble, 1840, 1 vol. 8° av. pl.

35. Greppin. Essai géol. sur le Jura suisse. Delémont, 1867, 1 vol. av. pl.

— Notes géol. sur les terrains quaternaires du val de Delémont. 1 br. 4° av. pl.

36. Haushofer. Hülfstabellen zur Bestimmung der Gesteine. Munich, 1867, 1 vol.

37. Höffel. Historia Balsami alsatici mineralis seu Petrolei. Strasb., 1734, 1 br. 4°.

77. Hogard. Recherches sur les glaciers de la Suisse. Épinal, 1858, 1 vol. 8° et atlas in-fol.

78. — Recherches sur les formations erratiques. Epinal, 1858, 1 vol. 8° et atlas fol°.

79. — Observations sur les nappes et cônes d'écoulement et sur les lits de déjections des torrents. Paris, 1850, 1 br.

38. Huot. Manuel de géologie. Paris, 1840, 1 vol. et atlas.

90. — Opuscules géologiques. 1 vol. 8° av. pl.

75. Jacquot, Terquem et Barre. Description géol. et minéralogique du départ. de la Moselle. Paris, 1868, 1 v. et atl.

115. Jeannetaz. Détermination pratique des roches. Paris, 1874, 1 vol.

95. Journal des Mines. 3 numéros dépareillés.

39. Kenngott. Die Minerale der Schweiz. Leipzig, 1866, 1 v.

115bis. Kobell (F. de). Les minéraux. Guide pratique pour leur détermination. Paris, 1875, 1 vol. in-12.

40. Kœchlin-Schlumberger. Mémoires, extraits du Bulletin de la Société géologique de France, réunis en 1 vol. : Études géologiques dans le départ. du Haut-Rhin. — Idem II. partie. — Description d'une variété de l'*Ammonites spinatus*. — Nouvelles études sur les *Ammonites margaritatus*. — Note sur les fossiles tertiaires et diluviens du Haut-Rhin. — Observations critiques sur un mémoire de M. Gras. — Réplique aux observations de M. Gras concernant le terrain quaternaire de l'Alsace. — Métamorphisme des roches de transition à Thann. — Coupe géologique des environs de Mende. — Mémoire sur la formation de Saint-Cassian. — Notice sur la falaise de Biarritz. — Sur la Grauwacke métamorphique de Thann.

41. Kœchlin-Schlumberger et Schimper. Le terrain de transition des Vosges. Strasb., 1868, 1 vol. 4° av. pl. col.

42. Kurr. Das Mineralreich in Bildern. Stuttg., 1858, 1 vol. 4° av. pl. col.

43. Laizer et Parieu. Notice sur l'Oplotherium. 1 br. 8°.

101. Lamarck. Hydrogéologie, recherches sur l'influence qu'ont les eaux sur la surface du globe terrestre. Paris, an X, 8°, 1 vol.

44. Lapparent. Conseils à un jeune amateur de géologie. (Poème didactique). Paris, 1867, 1 br.

112. Lebrun, F. Coupes et sondages d'Essey-la-Côte. Nancy, 1858, 3 pl. autogr.

84. Leonhard (C. von). Lehrbuch der Geognosie und Geologie. Stuttg. 1835, 1 vol. av. pl.

103. Leonhard G. Geognostische Skizze des Grossherzogthums Baden. Stuttg., 1861, 1 vol. av. cartes.

46. Lesslin. Liste des minéraux et des roches de la vallée de Lièpvre. Colmar, 1865, 1 br.

85. Lettre d'un voyageur sur les causes de la structure actuelle de la terre. Strasb., 1786, 1 vol. 8°.

47. Liste des minéraux des deux départements du Rhin (par Voltz). Strasb., 1 br.

48. Mayer. Tableau synchronistique des terrains tertiaires de l'Europe. — Idem des terrains jurassiques. Zurich, 1864, 2 feuilles (dans un étui).

94. Mémoires géologiques. 1 br. 8° contenant :
Gosselet. Sur les calcaires d'eau douce du Nord-Est de l'Aquitaine.
Jacquot. De la recherche des eaux jaillissantes.
Tournouer. Note sur quelques fossiles recueillis dans la craie de Roquefort.

49. Ménière. Études sur le terrain quaternaire de Maine-et-Loire. Angers, 1863, 1 br.

88. Meugy. Leçons élémentaires de géologie appliquée à l'agriculture. Troyes, 1868, 1 vol.

99. Modell. De Borace nativa. Halle, 1749, 1 br. 4°.

50. Mongez. Manuel du minéralogiste de Ferber; traduction. Paris, 1772, 2 vol. av. pl.

107. Monopole du sel dans les départements de l'Est. Metz, 1836, 1 br.

C. V. — 46 —

51. Montferrand. Notice sur l'exploitation des colonnes en granit de l'église St.-Isaac. St.-Pétersb., 1826, 1 br. 4° avec pl.

52. Mougeot, A. Note sur les végétaux fossiles du grès rouge. Nancy, s. d. — Notice sur le *Caulopteris Lesaugeana*. Épinal, 1849. — Essai d'une flore du nouveau grès rouge des Vosges. 1852. — Note sur un porphyre quartzifère des Vosges. 1847. — 4 br. av. pl.

98. Müller, J. Nachricht von den in Tyrol entdeckten Turmalinen. Wien, 1770, 1 br. 4° av. pl.

53. Notice sur les mines de Framont. Strasb., 1845, 1 br.

54. Oberlin. Propositions géologiques et description du Ban de la Roche. Strasb., 1806, 1 vol. 4° av. pl.

55. Oeynhausen, de Dechen et de La Roche. Esquisse géognostique du système du Rhin. Trad. par Gaudel. Épinal, 1837, 1 vol. 8°.

56. Orbigny (A. d'). Prodrome de paléontologie statigraphique. Paris, 1850-52, 3 vol. in-12.

57. — Cours élémentaire de paléontologie statigraphique. Paris, 1852, 3 vol. in-12 avec atlas in-4°.

45. Ortlieb, J. Note sur le Mont-des-Chats. Lille, 1875. — Compte-rendu de l'excursion à Cassel. 1874. — Les alluvions du Rhin et les sédiments du système Diestien dans le Nord de la France et en Belgique. 1876. — 3 br.

45[bis]. Ortlieb et Chellonneix. Notice géol. sur le mont de la Ferme masure, près Roubaix. Lille, 1868, 1 br. av. pl.
 — Description d'une tortue fossile. 1869, 1 br.
 — Études géol. des collines tertiaires du départ. du Nord comparées avec celles de la Belgique. Lille, 1870, 1 vol.

45[ter]. Ortlieb et Dollfus. Compte-rendu géol. de l'excursion de la Soc. malacol. de Belgique dans le Limbourg belge.
 — Sur le bassin tertiaire anglo-flamand pendant l'époque éocène. Lille, 1873. — 2 br.

58. Parisot. Esquisse géologique des environs de Belfort. Montbéliard, 1864 (avec supplément), 1 vol. av. pl.

58<sup>bis</sup>. — Carte topogr. et géol. des environs de Belfort, au 40 mill<sup>e</sup>. Paris, 1878, 2 feuilles collées sur toile, (dans un étui).

114. PELTIER. Table alphabétique des matières contenues dans les 1<sup>re</sup> et 2<sup>e</sup> séries des Ann. des Mines. Paris, 1831, 1 v.

110. PREUDHOMME DE BORRE. Empreintes d'insectes fossiles dans les schistes houillers des environs de Mons. Bruxelles, 1875, 1 br. av. pl.

59. QUIQUEREZ. Rapport sur la question d'épuisement des mines de fer du Jura bernois. 1 br. 4° av. pl.

82. — Plan des travaux d'exploitation de mines de fer dans le val de Delémont. 1859, 1 carte col. (dans un étui).

60. Rapport sur les travaux de la Compagnie du Haut-Rhin pour la recherche de nouvelles mines de houille dans le départ. Mulh., 1834, 1 vol. 8°.

89. RAY. Notices sur les météorites tombés à Saint-Mesmin. Troyes, 1866, 1 br.

75. REVERCHON. Carte géologique du département de la Moselle, en 3 feuilles. Paris, 1866 (dans un étui).

113. RISLER, D. Histoire de l'industrie dans la vallée de la Lièpvre. Exploitation des mines. Ste-Marie, 1851, 1 v. 8°.

104. ROSENBUSCH. Der Nephelinit vom Katzenbuckel. Freiburg, 1869, 1 br.

117. ROZET. Description géol. de la partie méridionale de la chaîne des Vosges. Paris, 1834, 1 vol. av. pl.

61. SCHILL. Geognostische Beschreibung des Kaiserstuhlgebirges. Stuttg., 1854, 1 v. av. pl.

76. SCHIMPER. Traité de paléontologie végétale. Paris, 1869-74, 3 vol. 8° et atlas in-folio.

62. SCHIMPER et MOUGEOT. Monographie des plantes fossiles du grès bigarré des Vosges. Leipzig, 1844, 1 vol. 4°, pl. col.

63. SCHLUTTER. De la fonte des mines, des fonderies. Trad. par HELLOT. Paris, 1750-53, 2 vol. 4° av. pl.

64. SCHLÜTER. Gründlicher Unterricht von Hüttenwerken. Brunschwig, 1738, 1 vol. in-fol. av. pl.

109. SCHMIDT. Mineralienbuch. Stuttg., 1855, 1 vol. 4° av. pl. col.

65. Scouteten. Rapport sur un animal fossile découvert dans les environs de Thionville. Metz, 1829, 1 br.

66. Sivry (de). Journal d'observations minéralogiques dans une partie des Vosges et de l'Alsace. Nancy, 1782, 1 v. 8°.

67. Sperl. *De sacris fabricis metallicis.* Ulm, 1743, 1 vol.

80. Studer et Escher. Carte géologique de la Suisse, au 380 millième, 2ᵉ édit., texte par Ziegler. (Dans un étui).

68. Thurmann et Étallon. *Lethea Bruntrutana.* Zurich, 1859, 1 vol. 4° et 1 vol. pl.

69. Ville. Recherches sur les roches, eaux, etc., des provinces d'Oran et d'Alger. Paris, 1852, 1 vol. 4° av. pl.

18. Zündel et Mieg. Notice sur quelques sondages aux environs de Mulhouse et en Alsace. Mulh., 1877, 1 br.

## VI. EAUX MINÉRALES.

1. Amsler. Les bains de Schinznach. Lensb., 1854, 1 vol.

2. — Même ouvrage en allemand, 1 vol.

3. Bach. Eaux gazeuses alcalines de Soultzmatt, avec flore de Kirschleger. Strasb., 1853, 1 vol.

36. Castanié. Guide aux eaux de Vichy. Paris, 1864, 1 vol.

4. Chenu. Eaux ferrugineuses de Passy. Paris, 1845, 1 br.

44. Chevallier. Recherches chimiques sur les eaux de Wattwiller. Paris, 1851, 1 br.

6. Dufresse-Chassaigne. Rapport sur les eaux thermales de Chaudesaigues.

7. Eaux minérales de Vals. Paris, 2 br.

8. Eaux minérales de Condillac. Paris, 1 br.

8ᵇⁱˢ. Eau minérale d'Orezza (Corse). 1 br.

33. Eaux minérales de Tarasp (Engadine). Coire, 1866, 1 br.

9. Ems, seine Heilquellen und Umgebungen. Wiesb., 1 br.

42. Godron. De l'origine de la température des eaux minérales. Nancy, 1844, 1 br. 4°.

11. Guérard. Rapport sur le service médical des eaux minérales de France. Paris, 1859, 1 br. 4°.

12. Guérin. De fontibus medicatis Alsatiae. Strasb., 1769, 1 vol. 4°.

38. Höchstetter. Beschreibung des Gesundheitsbrunnens und Wildbads Weissenburg am Nordgau. 1720, in-12, 1 vol.

41. Kerner. Das Wildbad in Würtemberg. Tübing., 1839, 1 v.

13. Kirschleger. Les eaux acidules des Vosges et de la Forêt-Noire de 1550 à 1789. Strasb., 1863, 1 br.

14. — Essai sur les eaux minérales des Vosges. Strasb., 1829, 1 br. in-4°.

15. Kratz. Historia fontis Holzensis. Strasb., 1757, 1 vol. 4°.

16. Kuhn. Description de Niederbronn et de ses eaux minérales. Strasb., 1835, 1 vol.

17. Kürschner. De fonte medicato Castenacensi. Strasb., 1766, 1 vol. 4°.

18. Lambert. Notice sur l'établissement thermal de Guillon. Besançon, 2 br.

19. Lecoq. Les eaux minérales dans leurs rapports avec la chimie et la géologie. Paris, 1865, 1 vol.

20. Legrand de Saulle. Notice sur les eaux min. de Contrexéville. Paris, 1857, 1 br.

21. Leprieur. Essai analytique des eaux thermales d'Hamman en Algérie. Paris, 1858, 1 br.

22. Leuchsenring. De fonte medicato Niederbrunnensi. Strasb., 1753, 1 vol. 4°.

23. Lidange. Eaux min. et therm. du Gers. Auch, 1854, 1 br.

43. Lomet. Mémoire sur les eaux min. et les établ. thermaux des Pyrénées. Paris, an III, 1 vol. 8°.

24. Méglin. Analyse des eaux minérales de Soultzmatt. Strasb., 1779, 1 vol. 8°.

35. Meyer-Ahrens. Die Thermen von Bormio. Zurich, 1869, 1 vol.

25. Millet. Une saison à Contrexéville. Paris, 1865, 1 br.

45. Minnich. Baden in der Schweiz. Baden, 1844, 1 vol. 8°, avec carte.

26. Morel. Analyse des eaux de Wattweiler. Colmar, 1765, 1 vol. 8°.

37. Mossmann, X. Soultzmatt. (Extrait du Musée pittoresque d'Alsace.) Colmar, 1862, 1 br.

27. Nicklès. Analyse des eaux de Laxou. 1858, 1 br.

28. Notice sur l'eau gazeuse de Soultzbach. Colm., 1860, 1 br.

29. Notice pour l'établissement d'une station de bains à Wattwiller. Belfort, 1865, 1 br.

46. Notice sur les eaux min. de Pougues. Paris, 1856, 1 br.

39. Patezon. Vittel : Traitement des coliques hépatiques. Paris, 1872, 1 br.

5. (Richard.) De l'état actuel des eaux min. de la chaîne des Vosges. Colm., 1854, 8°, 1 br.

30. Robert, A. Rippolsau et ses eaux minérales. Strasbourg, 1862, 1 br.

31. — Bade et ses thermes. Strasb., 1861, 1 vol. av. pl.

40. — Station hydrominérale de Vittel. Montp., 1871, 1 br.

31 bis. — Notice sur les eaux gazeuses, alcalines et ferrugineuses de Soulzbach. Strasb., 1854, 1 vol. 8°.

32. Roth. Analyse historique des eaux de Niederbronn. Strasb., 1783, 1 vol. 4°.

10. Schmitt. Eau minérale de la saline de Saltzbronn. Étude théorique et chimique. Strasb., 1868, 8°, 1 vol.

34. Tritschler. Kanstatts Mineralquellen. Stuttg., 1823, 1 v.


## VII. Botanique.

151. Acharius Erik. Methodus Lichenum. Stockh., 1805, 1 vol.

1. Atlas de Botanique, sans nom d'auteur, 1 vol. pl. col.

2. Batsch. Analyses florum. Halle, 1790, 1 vol. 4°, pl. col.

3. — Versuch zur Kenntniz der Pflanzen. Halle, 1787, 1 vol.

4. Bauhin, C. Prodromus theatri botanici. Franckf., 1620, 1 vol. 4°.

161. Bauhin, J. et Cherler. Historia plantarum universalis. Ebroduni, 1650, 3 vol. fol° avec pl.

194. Baumann, A. G. Kunzii index filicum in hortis Europ. cultarum synonimis, etc. Strasbourg, 1853, 1 vol.

5. Bautier. Tableau de la flore parisienne. Paris, 1839, 1 vol.

195. Bentham et Hooker. Genera plantarum. Londini, 1862-1876, 3 vol. 8°.

6. Boccone. Icones rariorum plantarum Siciliæ, Galliæ et Italiæ. 1674, 1 vol. 4°.

7. Bœckler. De neglecto remediorum vegetabilium circa Argentinem nascentium usu. Specimen I et II. Strasb., 1732-33, 1 vol. 4°.

8. Bœhmer. Flora Lipsiæ indigena. Leipzig, 1750, 1 vol.

159. Bock, H. (*Tragus*). Kraüterbuch, publié par Melchior Sébiz. Strasbourg, 1630, 1 vol. fol° av. pl.

197. Boreau. Flore du centre de la France. Paris, 1857, 2 vol.

9. Boulay (l'abbé). Notice sur la géographie botanique des environs de Saint-Dié. Besançon, 1866, 1 br.

9bis — Flore cryptogamique de l'Est. Muscinées. Paris, 1872, 1 vol. — Id. Tableau synoptique, 1 br.

198. Boutillier. Extinction des variétés végétales propagées par division. Rouen, 1877, 1 br.

95bis Buek. Index generalis ad Decandolle prodromum, etc. Berlin, 1840-42-76, 4 parties en 2 vol. (c).

166. Buchner et Kirsch. Schwammkunde. Hildburgh., 1855, 1 vol. (les planches manquent).

90. Bulliard. Dictionnaire élémentaire de botanique, 3e édit. Paris, 1812, 1 vol. fol° pl. col.

94. Candolle (de). Théorie élémentaire de la botanique. Paris, 1813, 1 vol.

95. — Prodromus systematis naturalis regni vegetabilis. Paris, 1834-1873, 17 tomes en 24 vol. (c).

96. — Regni vegetabilis systema naturale. Paris, 1828, 2 vol.

11. Cavanilles. Dissertatio de Malva. Paris, 1786, 1 br. 4°.

10. Carrière. Traité général des conifères. Paris, 1855, 1 vol.

187. Chapellier. Sur la botanique des environs d'Epinal. Epinal, 1860, 1 br.

186. Chevallier. Sur les *Hypoxylons Lychénoïdes*. Paris, 1822, 1 br. 4°.

12 Contejean. Note sur quelques plantes nouvelles de la flore de Montbéliard, 1 br.

13. DELBOS. Rapport sur le Catalogue des plantes spontanées et cultivées en grand dans l'arrondissem^t de Colmar, par KIRSCHLEGER. Mulhouse, 1860, 1 br.

14. DELILE. Fragments d'une flore de l'Arabie pétrée. Paris, 1833, 1 vol. 4° av. pl.

15. DESFONTAINES. Catalogus plantarum horti regii Parisiensis. Paris, 1829, 1 vol.

16. DIERBACH. Anleitung zum Studium der Botanick. Heidelb., 1820, 1 vol. av. pl.

17. DIETRICH. Der Apotheker-Garten. Weimar, 1802, 1 vol.

160. DODONÆI RUMBERTI. Stirpium historiæ pemptades sex. Autwerpiæ, 1583, 1 vol. fol°.

18. DÖLL. Beiträge zur Flora des Grossherzogth. Baden, 1 br.

18^bis — Flora des Grossherzogth. Baden. Carlsr., 1862, 3 vol.

19. DRYANDER. Botanical description of the Benjamin Tree of Sumatra. 1 br. 4° av. pl.

99. DUBOIS. Méthode pour connaître les plantes de l'intérieur de la France et particulièrem^t celles des envir. d'Orléans. Orléans, 1803, 1 vol.

20. DUFRESNE. Histoire naturelle et médicale de la famille des Valérianées. Montpellier, 1811, (manuscrit).

21. DUVAL-JOUVE. Histoire naturelle des Equisetum de France. Paris, 1864, 1 vol. 4° av. pl.

22. — Anomalie présentée par les utricules de quelques carex. — Sur le *Carex axillaris*. — Sur quelques tissus de Juncus et de graminées. — Sur quelques Aegilops de France. — Sur les feuilles et les nœuds de quelques graminées. — Note sur le *Pilularia minuta*. — Des *Salicornia* de l'Hérault. — Etude anatomique des *Agropyrinus* de l'Hérault. Paris, 1869-70, 8 br.

23. ELLIS. De dionæa muscipula. Erlangen, 1771, 1 br. 4°.

156. ELOFFE. L'Ortie, ses propriétés alimentaires, etc. Paris, 1862, 1 br.

154. ENDLICHER. Neue Theorie der Pflanzenzeugung. Wien, 1838, 1 br.

179. Endlicher. Genera plantarum. Vienne, 1836-50, 3 vol. 4º
     et suppl. (c).

24. Fée. Flore de Théocrite et des autres bucoliques grecs.
    Paris, 1832, 1 vol.

24bis — Monographie du genre *Paulia*. — Sur l'odorat et les
     odeurs. — Quelques particularités relatives à la famille
     des fougères. — Deuxième mémoire sur les plantes dites
     sommeillantes, 4 br.

25. — Histoire du Jardin botanique de Strasbourg. Strasb.,
    1836, 1 vol.

168. — Essai sur les Cryptogames des écorces exotiques offici-
     nales, 2e partie. Paris, 1837, 1 vol. 4º pl.

169. — *Genera filicum*. Exposition des genres de la famille des
     Polypodiacées. Strasb., 1850-52, 1 vol. 4º av. pl.

169bis — Histoire des fougères et des lycopodiacées des Antilles.
     Strasb., 1866, 1 vol. 4º av. pl.

26. Francq von Berkley. Expositio caracteristica florum qui
    dicuntur compositi. Lyon, 1760, 1 vol. 4º av. pl.

145. Fries. Lichenes Spitzbergenses. Stockh., 1867, 1 br. 4º.

27. Genera plantarum vocabulis caractericis definita. Danzig,
    1776, 1 vol.

28. Genevier. Essai monographique du genre Rubus de Maine-
    et-Loire. Angers, 1869, 1 vol.

28bis — Premier supplément à l'ouvrage précédent, 1 br.

29. — Essai sur quelques espèces du genre Rubus de Maine-
    et-Loire. — Observations sur la collection de Rubus de
    l'herbier de T. Bastard. — Description d'une nouvelle
    espèce de Viola. — Florule des environs de Mortagne-
    sur-Sèvres. Angers, 1860-66, 4 br.

30. Gevalin. Dissertatio botanica de Protea. Upsal, 1781, 1 vol.

31. Gleditsch. Systema plantarum. Berlin, 1764, 1 vol.

32. Gloxin. Observationes botanicæ. Strasb., 1785, 1 br. 4º pl.

33. Gmelin. Otia botanica. Tübingen, 1760, 1 vol.

152. — Flora Badensis, alsatica, etc. Carlsruhe, 1805, 4 vol.

34. Godron. Essai sur la géographie botanique de la Lorraine.
    Nancy, 1862, 1 vol.

34^bis GODRON. Signification morphologique des différents axes
de végétation de la vigne. — Des organes de la végétation
des *Hedera Helix.* — Sur l'inflorescence des Crucifères.
— Sur les Fumariées à fleurs irrégulières. — Sur les
trois floraisons du Wistaria chinensis. — De la Pélorie
des Pelargonium. — Nouvelles expériences sur l'hybridité dans le règne végétal. — Observations sur les
races du Datura Stramonium. — Des hybrides et des
metis de Datura. — De l'hybridité dans les végétaux.
— Nouvelles études sur les hybrides des *Primula
grandiflora* et *officinalis.* — De l'origine probable des
poiriers cultivés. — Observations sur quelques plantes
lorraines. — Observations sur la famille des Alsinées. —
De la floraison des Graminées. — De l'*Aegilops triticoïdes*
et de ses différentes formes. — Histoire des Aegilops hybrides. — Note sur l'*Aegilops speltœformis.* — 18 br.

97. — Flore de Lorraine. Nancy, 1843, 3 vol. 12°. — 2e édit.
Nancy, 1861, 2 vol. 12°.

35. GOUAN. Hortus regius Monspeliensis. Lyon, 1782, 1 vol.

36. — Flora Monspeliaca. Lyon, 1865, 1 vol.

188. GRAD, CH. Bibliographie. Flore cryptogam. de l'Est, par
l'abbé BOULAY. Mulhouse, 1874, 1 br.

172. GRENIER. Souvenirs botaniques des environs des Eaux-
Bonnes. — Observations botaniques. — Obs. sur les genres
*Moenchia* et *Malachium.* — Etude sur le genre *Alsine.*
— Géographie botanique du départ. du Doubs. Strasb.,
1844. — Voyage botanique dans les Alpes du Dauphiné.
— 6 br.

172^bis GRENIER et GODRON. Flore de France. Paris, 1848-56, 3 vol.

37. GUÉRIN. De vegetabilibus venetatis Alsatiæ. Strasb., 1766,
1 vol. 4e.

38. GUNNER. Tentamen de usu plantarum indigenarum. Copen-
hagen, 1773, 1 br. 4°.

91. GÜNTHER, L. Beiträge zur Biologie und Geographie der
Laubmoose. München, 1860, 1 br. 4°.

39. HAGEN. Commentaria de Ranonculis prussicis. Regiomonte, 1784, 1 br.

40. HALLE. Die deutsche Giftpflanzen. München, 1785, 2 br. pl.

41. HALLER. Enumeratio plantarum horti regii Göttingensis. Göttingen, 1753, 1 vol.

42. — Flora Ienensis. Iéna, 1745, 1 vol.

43. — Historia stirpium indigenarum Helvetiæ. Berne, 1768, 3 vol. fol° av. pl.

44. — Enumeratio methodica stirpium indigenarum Helvetiæ. Göttingen, 1742, 1 vol. fol° av. pl.

189. HOLLANDRE. Flore de la Moselle. Metz, 1829, 2 vol.

45. HOPPE. Botanisches Taschenbuch. Ratisbonne, 1793, 1 vol.

46. — Neues botanisches Taschenbuch. Nuremb., 1805, 1 vol.

190. HUMBOLT (DE). De distributione geographica plantarum. Paris, 1817, 1 vol.

177. INGEN-HOUSZ. Expériences sur les végétaux. Paris, 1780, 1 vol. pl.

167. JACK. Die Lebermoose Badens. Fribourg, 1870, 1 br.

167$^{bis}$ — Hepaticæ europeæ. 1 br.

47. JACQUIN. Selectarum stirpium americanarum historia. Mannheim, 1788, 1 vol.

146. JORDAN. De l'origine des diverses variétés ou espèces d'arbres fruitiers. Paris, 1853, 1 vol.
— Nouveau mémoire sur la question relative aux *Aegilops triticoïdes* et *speltæformis*. Paris, 1857, 1 br. av. pl.

48. JOUAN. Note sur les bois de la Nouvelle-Zélande. — Coup-d'œil sur la flore de la Basse-Cochinchine. — Recherches sur l'origine et la provenance de certains végétaux phanérogames des îles du grand Océan. — 3 br.

175. JUNG, J. Opuscula botanico-physica. Cobourg, 1747, 1 vol. 4°.

49. JUSSIEU. Genera plantarum. Paris, 1789, 1 vol.

50. KAMPMANN (père). Notice botanique sur l'île Ste-Marguerite et ses environs. Colmar, 1865, 1 br.

51. KAMPMANN (fils) et GIORGINO. Flore cryptogam. de l'Alsace. Algues, Lichens et Champignons. Colmar, 1864-70, 4 br.

52. Kirschleger. Flore d'Alsace. 1857-1862, 3 vol. 12°.

52<sup>bis</sup> — Prodrome de la flore d'Alsace. Strasb., 1836, 1 vol.

52<sup>ter</sup> — Annales de l'Association philomatique vogéso-rhénane. Strasb., 1863-68, 9 fasc. 12° en 1 vol. (c).

148. — Catalogue raisonné des plantes de l'arrondissement de Colmar. (Manuscrit in-folio).

149. — Statistique de la flore d'Alsace et des Vosges. Mulhouse, 1831, 1 vol. 4°.

185. — Essai historique de tératologie végétale. Strasbourg, 1845, 1 br. 4°.

53. — Le monde végétal dans ses rapports avec les coutumes et légendes des bords du Rhin. — Essai sur les folioles carpiques dans les plantes angiospermes.—Gœthe naturaliste et spécialement botaniste. Strasbourg, 3 br.

54. Kœller. Descriptio graminum in Gallia et Germania. Francfort, 1802, 1 vol.

55. Kölreuter. Das endeckte Geheimniss der Cryptogamie. Carlsruhe, 1777, 1 vol.

56. Kossmann. Enumération des Lichens du canton de Neuf-Brisach. Colmar, 1868, 1 br.

57. Kramer. Tentamen botanicum. Dresde, 1728, 1 vol.

58. Krapf. Experimenta de ranunculorum venenata qualitate. Vienne, 1766, 1 vol.

153. Kraus. Die Gewebesspannung des Stammes und ihre Folgen. Paris, 1 br.

59. La Billardière. Icones plantarum Syriæ rariores. Strasb., 1751, 1 br. 4° av. pl.

60. Lallemant. Etude sur l'ergot du Diss. Alger, 1863, 1 br.

92. Lamarck (de) et De Candolle. Flore française. Paris, 1815, 5 vol. av. pl. et carte botanique.

93. — — Synopsis plantarum in flora gallica descriptarum. Paris, 1806, 1 vol.

61. Lamotte. Catalogue des plantes de l'Europe centrale. Paris, 1847, 1 vol.

158. L. B. D. M. Lettres sur la botanique. Paris, 1802, 2 tomes en 1 vol.

62. LECOQ. Le sommeil des plantes. Clermont, 1850, 1 br.
154. LENZ. Die nützlichen und schädlichen Schwämme. Gotha, 1840, 1 vol. av. pl.
63. LESSON et RICHARD. Botanique. (Voyage de l'Astrolabe). Paris, 1832, 1 vol. et atlas fol° pl. col.
98. LESTIBOUDOIS. Botanographie de la Belgique. Lille, an VII, 4 parties en 2 vol.
64. LINDERN. Tournefortius alsaticus. Strasb., 1728, 1 vol.
65. — Hortus alsaticus. Strasbourg, 1747, 1 vol.
66. LINNÉE. Philosophia botanica. Stockholm, 1751, 1 vol.
67. LOISELEUR-DESLONCHAMPS. Manuel des plantes indigènes de France. Paris, 1819, 2 vol.
68. LUDWIG. Definitiones generum plantarum. Leipz., 1747, 1 v.
69. MAGNOL. Navus caracter plantarum. Montpell., 1720, 1 vol.
70. MALHERBE. Notice sur quelques espèces de chênes et spécialement sur le chêne-liège. Metz, 1839, 1 br.
163. MALINVAUD. Note sur quelques plantes nouvelles ou douteuses pour la flore du Lot. Caen, 1870, 1 br.
71. MAPPI, M. Historia plantarum alsaticarum. Strasb., 1742, 1 vol. 4° av. pl.
198. MATHIEU. Flore forestière. Nancy, 1858, 1 vol.
72. MATTHIOLI. Compendium de plantis omnibus. Venise, 1571, 1 vol.
73. MEDICUS. Malven Familie. Manheim, 1787, 1 vol.
74. — Botan. Beobachtung des Jahres 1783. Id. 1784, 1 vol.
75. — Philosophische Botanik. Manheim, 1789, 1 vol.
76. — Theodora speciosa. Manheim, 1786, 1 vol. pl.
178. MÉRAT. Eléments de botanique. Paris, 1823, 1 vol. 12°.
186. MONNIER. Essai monographique sur les Hieracium et quelques genres voisins. Nancy, 1829, 1 vol. 8°.
77. MONTÈ. Plantarum varii indices. 1724, 1 vol. pl.
182. MORTHIER et FAVRE. Catalogue des champignons du canton de Neufchâtel. Neufch., 1870, 1 vol.
78. MOUGEOT, A. Examen de l'ouvrage de phytostatique de Thurmann. Epinal, 1850, 1 br.
79. NÆZEN. Nova graminum genera. Upsall, 1777, 1 br.

80. Nees ab Esenbeck. Genera et species Asterearum. Nuremberg, 1733, 1 vol.

81. Necker (J. von). Elementa botanica. Neuwied, 1791, 3 vol.

82. — Corollarium ad philosophiam botanicam. Id. 1790, 1 vol.

83. Nestler. Notice sur le Sedum repens (du Hohneck). Strasbourg, 1830, 1 br. 4º.

— Monographia de Potentilla. Str., 1816, 1 vol. 4º av. pl.

— Index plantarum quæ in horto academ. Argentinensi anno 1817 viguernnt. Strasb., 1818, 1 br. 8º.

— Précis d'un voyage botanique en 1811. Str. 1812, 1 br.

84. Neues Giftbuch. Coire, 1855, 1 vol. av. pl. col.

85. Nicklès. Notice sur les Gladiolus de France et d'Allemagne. 1 br. 4º av. pl.

85<sup>bis</sup> — Coup-d'œil sur la végétation de l'arrondissement de Schlestadt. Colmar, 1877, 1 br.

86. Oeder. Elementa botanica. (Flora Danica). Hafniæ, 1764, 1 vol. av. pl.

155. Parisot. Rapport sur une herborisation au Kayserstuhl. Paris, 1858, 1 br.

155<sup>bis</sup> — Notice sur la flore des environs de Belfort. Besançon, 1858, 1 vol.

87. Paucovii. Herbarium. Cologne, 1673, 1 vol.

88. Prouville (de). Monographie du genre Rosier. Paris, 1824, 1 vol.

89. Rabenhorst. Deutschlands Krytogamen Flora. Leipzig, 1844-53, (2 tomes et 2 supplém.), 4 vol.

100. Rajus. Methodus plantarum. Londini, 1703, 1 vol.

196. — Historia plantarum generalis. Lond., 1693, 3 vol. fol° pl.

101. Rau. Enumeratio rosarum circà Virceburgum sponte crescentium. Nuremberg, 1816, 1 vol.

102. Reichard. Sylloge opusculorum botanicorum. Francfort, 1782, 1 vol.

193. Reichenbach. Conspectus regni vegetabilis. Leipzig, 1828, 1 vol.

104. Reuss. Compendium botanici systematis Linnæi. Ulm, 1785, 1 vol. av. pl.

105. RICHARD. Histoire naturelle des différentes espèces d'Ipecacuana. Paris, 1820, 1 vol. 4°.

176. — Nouveaux éléments de botanique. Paris, 1822, 1 vol.

162. RIVINUS QUIRINUS. Introductio generalis in rem herbariam. Leipzig, 1640, 3 vol. fol° pl.

174. RÖMER et USTER. Magazin für die Botanik, N°s 1 à 11. Zurich, 1783, 3 vol. et 2 fasc.

106. ROTH. Beyträge zur Botanik. Brême, 1782, 1 vol.

107. — Tentamen floræ Germanicæ. Leipzig, 1788, 2 vol.

108. ROTTBÖLL. Descriptiones plantarium rariarum, etc. Copenhague, 1772, 1 br.

157. ROUMEGUÈRE. Les Lichens des environs de Toulouse, 1860, 1 br.

165. — Cryptogamie illustrée. Acotylédonées d'Europe. I. Lichens. II. Champignons. Paris, 1868-70, 2 vol. 4° pl.

109. ROUSSEAU, J. J. Sa botanique. Paris, 1822, 1 vol. fol° pl. col.

110. RUDBECK. Propagation plantarum. Upsall, 1686, 1 vol.

111. RUNG. Dissertatio botanica de Ixia. Upsall, 1783, 1 vol.

112. SACC. Notice sur le cerfeuil bulbeux. 1 br.

113. SAINT-HILAIRE. Mémoire sur les plantes à placenta central libre. Paris, 1816, 1 br. 4°.

184. SAUCEROTTE. Eléments d'histoire naturelle. Botanique. Lunéville, 1834, 1 vol. 4° av. pl.

114. SCHÆFFER. Fungorum Icones. Ratisbonne, 1763, 3 tomes reliés en 2 vol. 4° av. pl. col.

114bis — Botanica expeditior. Ratisbonne, 1762, 1 vol.

115. SCHEUCHZER. Agrostographie. Tiguri, 1775, 1 vol.

116. SCHILDKNECHT. Führer durch die Flora von Freiburg. 1863, 1 vol.

193. SCHIMPER, W. Synopsis muscorum europæorum, 2me édit. Stuttgart, 1876, 2 vol. 8° av. pl.

117. SCHMIDEL. Dissertationes botanici argumenti. Erlangen, 1783, 1 vol.

118. SCOPOLI. Fundamenta botanica. Wien, 1786, 1 vol. pl.

119. SCHREIBER. Plantarum verticillatarum genera. Leipzig, 1774, 1 vol. 4°.

173. Schultz, F. G. Archives de la flore de France et d'Alle-
     magne. 1842-66, 2 vol. (inc.).

181. Schultz, C. H. Ueber die Tanaceten. Neust. 1844, 1 vol. 4°.

120. Schwartz. Observationes botanicæ. Erlang., 1791, 1 vol. pl.

120^bis — Narva genera et species plantarum. Ulm, 1788, 1 vol.

121. Secretan. Mycographie suisse. Genève, 1833, 3 vol.

122. Seringe. Monographie des Saules de la Suisse. Berne,
     1815, 1 vol.

150. Soyer-Willemet. Sur le *Gnaphalium neglectum*, 1836.
     — Sur les Trèfles de la section *Chronosemium*. Nancy,
     1852. — 2 br.

171. — Obs. sur quelques plantes de France, et Catalogue des
     plantes vasculaires des env. de Nancy. Nancy, 1828, 1 vol.

123. Spach. Revisio generis Acerum. — Revisio generis Tilia-
     rum. — Revisio Grossulariarum. — Revisio generum
     Hyppocastanearum. — Synopsis monographiæ Onagrea-
     rum.— Onagrearum novarum descriptiones. Paris, 6 br.

164. Spenner. Flora friburgensis et regionum adjacentium.
     Fribourg, 1825, 3 tomes en 2 vol. 12°.

124. Spielmann. Prodromus floræ Argentoratensis. Strasb.,
     1766, 1 vol.

125. — Olerum Argentorat. fasciculus primus et secundus.
     Argent., 1769-70, 2 br. 4°.

126. Sprengel. Jahrbücher der Gewächskunde. Berlin, 1820,
     1 vol.

127. Stoltz, J. C. Flore des plantes qui croissent dans les
     départ. du Haut et du Bas-Rhin. Strasb., 1802, 1 vol.

128. Theophrastus. De historia et causis plantarum. Paris,
     1529, 1 vol.

192. Thurmann. Essai de phytostatique appliqué à la chaîne du
     Jura et aux contrées voisines. Berne, 1849, 2 vol.

191 — Enumération des plantes vasculaires du district de Por-
     rentruy. Porrentruy, 1848, 1 vol.

129. Tournefort. Histoire des plantes qui naissent aux envi-
     rons de Paris. Paris, 1698, 1 vol.

130. Tournefort. Institutiones rei herbariæ. Paris, 1700, 3 vol. 4°, dont 2 vol. de pl.

131. Trattiniek. Rosacearum monographia. Vienne, 1823, 2 vol.

170. Trottier. Arbres de l'Australie cultivés en Algérie. Alger, 1872, 1 br.

132. Uster. Delectus opusculorum botanicorum. Strasbourg, 1790, 1 vol.

133. Vandelli. Dissertatio de arbore Draconis. Lisbonne, 1748, 1 vol.

134. Vaucher. Monographie des Orobanches. Genève, 1827, 1 br. 4° pl.

135. — Monographie des Prêles. 1 br. 4° pl.

136. Ventena. Description des plantes nouvelles et peu connues du jardin de M. Cels. Paris, an VIII, 1 vol. fol° pl.

137. Vieillard. Etudes sur les genres *Oscera* et *Deplanchea*. Caen, 1862, 1 br.

138. Villars. Catalogue des plantes du jardin de l'Ecole de médecine de Strasbourg. Strasb., 1807, 1 vol. 8°.

139. — Prospectus de l'histoire des plantes du Dauphiné. Grenoble, 1779, 1 vol. pl.

183. Voigt. Tableau des plantes vénéneuses. Raon-l'Etape, 1847, 1 br. 4° av. pl. col.

142. Walpers. Repertorium botanices systematicæ. Leipzig, 1842-47, 6 tomes avec suppl., en 8 vol. (c).

142his — Annales botanices systematicæ. Leipz., 1848-71, 7 vol.

140. Wildenow. Floræ berolinensis prodromus. Berlin, 1787, 1 vol.

147. — Grundriss der Kraüterkunde. Berlin, 1810, 1 vol. 12°.

141 Wolckameri. Floræ Noribergensis. Nuremb., 1700, 1 vol.

143. Zacconi. Historia botanica. Bologne, 1675, 1 vol. fol° pl.

144. Zinn. Catalogus plantarum horti academici Göttingensis. Göttingen, 1757, 1 vol.

# D. Sciences physiques et mathématiques.

## I. MATHÉMATIQUES.

1. AUBRY. La banque simplifiée. Paris, an IX, 1 vol.
2. FINCK. Traité d'arithmétique. Strasbourg, 1841, 1 vol.
9. LALANDE. Tables de logarithmes. Paris, 1847, 1 vol.
3. LECLERC. Traité de géométrie. Paris, 1690, 1 vol.
4. LEGENDRE. Éléments de géométrie. Paris, 1840, 1 vol.
7. LESAGE. Recueil de divers mémoires extraits de la bibliothèque des ponts-et-chaussées. Paris, 1810, 2 vol. 4°.
8. LIONVILLE. Journal de mathématiques pures et appliquées. Années 1836 à 1841, 6 vol. 4°.
5. MEYER et CHOQUET. Traité d'algèbre. Paris, 1861, 1 vol.
6. ZUBLER. Novum instrumentum geometricum. Bâle, 1725, 1 vol. av. pl.

## II. ASTRONOMIE, MÉTÉOROLOGIE, HYDROLOGIE, PHYSIQUE DU GLOBE.

1. AGNELY. Le climat de l'Algérie. Alger, 1866, 1 br.
2. ARAGO. Oeuvres complètes. Paris et Leipzig, 1854-1862 : Notices biographiques, 3 vol. — Notices scientifiques, 5 vol. — Mémoires scientifiques, 2 vol. — Mélanges, 1 vol. — Voyages scientifiques, 1 vol. — Astronomie populaire, 4 vol. — Tables, 1 vol. — Total, 17 vol.
3. Atlas des orages de 1865. Paris, 1866, 1 vol. fol°.
38. BARDY. Résumé des observations météorologiques faites à Saint-Dié en 1869. — Les eaux dans l'arrond. de St.-Dié. Colmar, 1874. — 2 br. 8°.
42. BÉNARD. La température de Paris, de 1816 à 1855, 1 feuille.
65. BENOIT, A. Les inondations dans le bassin supérieur de l'Ill en 1778. Colmar, 1878, 1 br.

4. BERTIN. Etude sur la glace des glaciers. Strasb., 1866, 1 br.

46. BŒCKEL, E. De l'ozone. Strasbourg, 1856, 1 br. 4°.

33. BONNET. Pronostic du beau temps. Besançon, 1862, 1 br.

5. BOURLOT. Etude sur les variations de latitude et de climat dans la région française. Colmar, 1865, 1 br.

— Etude sur le Vésuve. Paris, 1865, 1 vol. av. pl.

5bis — Histoire des tremblements de terre ressentis en Alsace et dans le pays de Bâle. Colmar, 1867, 1 br.

58. BOUTRON et BOUDET. Hydrotimétrie, méthode pour déterminer les proportions des matières minér. en dissolution dans les eaux. Paris, 1866, 1 vol.

50. Carte du cours du Rhin de Bâle à Lauterbourg, publiée par l'administration des ponts-et-chaussées. Strasb., 1834, en 18 feuilles (manque la 1re feuille).

6 CASSINI. Tables astronomiques. Paris, 1740, 1 vol. 4°.

7. CHEVASSIEU-D'AUDEBERT. Des inondations d'hiver et d'été. Paris, 1867, 1 vol.

64. DIETZ, C. Essai sur le climat de Bischwiller. Colmar, 1878, 1 vol.

8. DOLLFUS-AUSSET. Matériaux pour l'étude des glaciers. Strasbourg et Paris, 1864-72, 8 tomes en 13 vol. gr. 8°; plus : 1 vol. supplém. (aide-mémoire) ; 1 vol. explication des planches et 1 atlas de 40 planches fol°.

8ter — Calendrier météorologique pour le Haut et le Bas-Rhin. (N° 7 des Matériaux pour les bibliothèques populaires).

8bis — Observations météorologiques diverses, (tirage à part des Matériaux), 15 fasc.

48. DOWE, H. W. Publications relatives à la statistique météorologique de la Prusse, 13 cahiers 4°, 1 vol. 4° et 1 vol. fol°.

9. FOURNET. Mémoires de météorologie et d'hydrographie : Caractères de l'année 1866. — Aperçus généraux sur les causes des grandes crues de la Saône. — De la pronostication en général et de l'application de la thermométrie à celle des crues. — Influence de la structure et de la concavité bourguignonne sur les inondations de Lyon. — Hydrographie souterraine. — Distribution des orages

normaux dans le départ. du Rhône. — Classification des
phénomènes produits par l'électricité météorique. — Des
brises de jour et de nuit autour des montagnes. — 7 br.

36. GAUCKLER. La pluie et le beau temps. Colm., 1869, 1 vol. 8º.

59. GOUZY. Observations météorol. faites à S^te-Marie-a.-M., août
1872 à nov. 1874. — Id. à Munster, 1877-78. — 2 cah.

23. GRAD, CH. Observations sur les glaciers de la Viège et le
massif du Mont-Blanc. — Obs. sur la constitution et les
mouvements des glaciers. — Recherches de M. Payer
sur les glaciers du Grœnland. — La limite des neiges
persistantes et la lisière des glaces fixes à la surface du
globe. — De l'influence de l'ablation sur la débâcle des
mers polaires. — Obs. sur la température des mers de la
France. — Théorie des courants maritimes, de M. Muhry.
— Propositions pour l'établissement d'observations sur
la température des mers de France. — Le canal du Logelbach et son syndicat. — Hypsométrie de la chaîne des
Vosges. — Obs. sur la température des sources en Alsace
et dans les Vosges. — Obs. sur la température des eaux
courantes en Alsace. — Mémoire sur les lacs et les
tourbières des Vosges. — Obs. sur les petits glaciers
temporaires des Vosges. — Lacs et réservoirs des Vosges.
— Rapport sur les résultats des observations météorologiques de S^te-Marie-a.-Min. — 16 br.

44. — Essai sur le climat de l'Alsace et des Vosges. Mulhouse,
1870, 1 vol. 8º.

41. GRELLOIS. Météorologie religieuse et mystique. Metz, 1870,
1 vol.

24. GREPPIN. Les sources du Jura bernois. Delém., 1866, 1 br.

10. HERRENSCHNEIDER. Observat. météorol. faites à Strasbourg
de 1811 à 1820, 1828 à 1829, 1831, 1832 et 1835, 5 fasc.

45. HERSCHELL. Découvertes dans la lune faites au cap de Bonne-
Espérance. Strasb., 1830, 1 br.

11. HIRN, G. A. Exposé et analyse de la théorie du soleil de
M. Faye. Colmar, 1865. — Le Monde de Saturne, ses
conditions d'existence et de durée. Colmar, 1872. —

Introduction à l'étude météorologique et climatérique de l'Alsace. Colmar, 1870. — Etude sur une classe particulière de tourbillons. Colmar, 1878. — 4 br.

11bis Hirn, G. A. Mémoire sur les conditions d'équilibre et sur la nature probable des anneaux de Saturne. Paris, 1872, 1 br. 4º.

12. Humboldt. Der Kosmos. Stuttgart, 1845-58, 4 vol. 8º et atlas 4º.

31. Jaubert. De l'arrosage dans les Pyrénées-Orientales et des droits des arrosants sur les eaux. Paris, 1868, 1 br.

13. Jouan. Observation d'une aurore polaire australe. — Observations sur les typhons ressentis dans la mer de Chine. — Remarques météorologiques et nautiques pendant un voyage à la Nouvelle-Calédonie. — 3 br.

14. Kampmann, père. L'ozone atmosphérique ; résumé des obs. faites à Colmar de 1866 à 1868. Colmar, 1868, 2 br.

15. Laplace. Exposition du système du monde. Paris, 1824, 1 v.

15bis — Oeuvres complètes. Paris, 1805-35, 7 vol. 4º.

26. Lecoq. Des glaciers et des climats. Paris et Strasb., 1847, 1 br.

47. Lombardini. Traces de la période glaciaire dans l'Afrique centrale. 1866, 1 br. 4º.

9bis Lorenti. Remarques sur la règle Bugeaud relativement au temps. 1 br.

66. Mansuy. Des trombes et des tempêtes. Paris, 1878, 1 br.

56. Mand'heux. Le déluge de la Saint-Crépin à Epinal, en 1778, 1 br.

27. Mémoire sur la partie non navigable de l'Ill. 1824, 1 br. folº.

34. Météorologie forestière. Observations faites à Nancy de 1866 à 1869, 4 br. 8º. — Météorologie comparée, 1867 à 1877, par Mathieu. 1 vol. 4º.

37. Obs. météorologiques de Montsouris. 1869 à 1871, 2 cartons.

53. Obs. météorol. faites à Colmar et dans les environs. Janvier à mai 1870 ; 5 feuilles (dans un étui).

52. Palmieri, Luigi. Incendio Vesuviano del 26 Aprile 1872 relazione. Turin, 1872, 1 br.

29. Parès. Note sur le mirage des côtes du département de l'Hérault. Montpellier, 1855, 1 br. 4°.

16. Perrey. Documents sur les tremblements de terre et les phénomènes volcaniques au Japon. 1 vol.

63. Pietsch. Denkschriften betreffend die Wasserläufe, Deichungen, etc., in Elsass. Strasb., 1873, 1 vol.

17. Pin et Martz. Observations météorol. faites à l'Ecole normale de Colmar, de 1865 à 1868, 2 br.

32. Polonceau. Note sur les débordements des fleuves et des rivières. Paris, 1847, 1 br.

60. Ploix et Caspari. Météorologie nautique : Vents et courants, routes générales. Paris, 1874, 1 vol. fol°.

18. Ptolémée de Dijon. La véritable connaissance du temps ou des saisons pendant l'année 1717, 1 vol.

65. Quatrefages (A. de). Du mouvement des aérolithes. Strasb., 1830, 1 br. 4°.

30. Quatremère-Disjouval. L'aranéologie : Variations atmosphériques par l'observ. des araignées. Paris, 1797, 1 vol.

43. Quételet, A. Aurore boréale du 6 octobre 1869 et orages de 1869. — Orages en Belgique en 1870 et aurore boréale des 24 et 25 octobre 1870. — Etoiles filantes et aurores boréales de nov. 1871 et d'août 1872. — Notice sur le 8e congrès international de statistique. — 5 br. 8°.
— Tables de mortalité et leur développement, 1 br. 4°.

43bis Quételet, A. et E. Annales météorologiques de l'Observatoire royal de Bruxelles, années I, II, IV à X (1867-76), 9 vol. 4°.

43ter Quételet, E. Aréographie. — L'aurore boréale du 4 févr. 1872. — La comète de Coggia observée à Bruxelles. — 3 br.

19. Renou. Température des sources, puits et carrières des environs de Vendôme. 1 br. 4°.

51. Reuss. Détermination des orbites des étoiles filantes par une méthode purement graphique. 1867, 1 br.

54. Rhin. Pegelbeobachtungen am Rhein bey Hüningen, 1840-1867. — Id. bey Neuburg, 1840-67. — Id. bey Strassburg Kehlerbrücke, 1807-67. — Situation des Thalwegs

des Rheins von Strassburg, 1873 et 1874. — Längenprofil
des Thalwegs des Rheins von Strassb. bis Lauterburg ,
1872-74, par GREBENAU. 8 cah. fol° av. plans (dans un étui).

40. ROUMEGUÈRE. Recherche et exploit. des sources, 1859, 1 br.

20. ROZET. La pluie en Europe. Paris, 1855, 1 vol.

21. SECCHI. Clima di Roma. Rome, 1865, 1 br.

36. TERME. Des eaux potables à distribuer pour l'usage des
particuliers et le service public. Paris, 1844, 1 vol.

39. THIRIAT, X. Météorologie agricole du cant. de Remiremont,
de 1866 à 1871, 6 br. 12°.

39[bis] — Notes pour servir à l'histoire physique de l'ancienne
province de Lorraine et des pays voisins. Remiremont,
1872, 1 vol. 12°.

22. TORRE (père de la). Histoire et phénomènes du Vésuve.
Naples, 1771, 1 vol. avec pl.

61. TRÉMAUX. Principe universel du mouvement et des actions
de la matière. Paris, 1874, 1 vol. 12°.

62. UMBER. Notice sur la station météorologique créée à l'usine
à gaz de Colmar et observations de 1875 à 1878, 2 br.

49. WOLF, R. Schweizerische meteorol. Beobachtungen, I à VII,
1864-70, 7 vol. 4°.


### III. PHYSIQUE.


19. BAZIN. Description des courants magnétiques dessinés d'a-
près nature. Strasbourg, 1753, 1 vol. 4° pl.

1. BEUDANT. Cours de physique. Paris, 1821, 1 vol.

18. BERTIN. Rapport sur les progrès de la thermodynamique en
France en 1867. Paris, 1868, 1 vol.

2. CASSAL. Essai sur les causes. Théorie du magnétisme.
Colmar, 1867, 1 vol.

17. Comment l'esprit vient aux tables. Paris, 1854, 1 vol.

3. FABRI. Cursus physicus, 1 vol.

4. HIRN, G. A. Théorie analytique élémentaire du gyroscope,
1867. — Sur les variations de la capacité calorifique de
l'eau vers son maximum de densité, 1870. — Sur l'étude

des moteurs thermiques, 1876. — Théorème relatif à la détente des vapeurs sans travail externe, 1877. — 4 br. 4°.

4<sup>bis</sup> HIRN, G. A. Théorie mécanique de la chaleur. Confirmation expérimentale de la seconde proposition, 1863. — Sur les propriétés optiques de la flamme des corps en combustion, 1873. — Théorie analytique élément. du planimètre Amsler, 1875. — Les pandynamomètres, 1876. — 4 br. 8°.

5. — Recherches sur l'équivalent mécanique de la chaleur. Colmar, 1858, 1 vol.

6. — Exposition analytique et expérimentale de la théorie mécanique de la chaleur. Colmar, 1862, 1 vol.

7. — Théorie mécanique de la chaleur. Première partie : Exposition analytique et expérimentale. Paris, 1865, 1 vol.

8. — Mémoire sur la thermodynamique. Paris, 1867, 1 vol.

9. — Conséquences philosoph. et métaphysiques de la thermodynamique. Analyse élémentaire de l'univers. Paris, 1868, 1 vol.

10. — Exposition analytique et expérimentale de la théorie mécanique de la chaleur. 3e édit. Paris, 1876, 2 vol. gr. 8°.

21. — La musique et l'acoustique. Paris, 1878, 1 vol. 8°.

11. HIRN et CAZIN. Mémoire sur la détente de la vapeur d'eau surchauffée. Paris, 1 br. av. pl.

12. NICKLÈS. Sur la théorie physique des odeurs et des saveurs. — Recherches de physique et de chimie faites en 1866. — 2 br.

20. REYNARD. Leçons sur les lois et les effets du mouvement. Moulins, 1866, 1 vol. 8°.

13. SCHEURER-KESTNER. Mémoires sur la combustion de la houille. Mulhouse, 1868, 1 vol. et 5 br. — Rapport sur une note de M. Thomas concernant l'aréométrie. Mulhouse, 1868, 1 br.

14. SCHEUCHZER. Physica sacra. Augsb., 1731-35, 4 vol. fol° pl.

15. VALCURIONIS. Commentarii in universam physicam Aristotelis. Tubingen, 1539, 1 vol.

16. WALFERDIN. Note sur le nouveau thermomètre à déversoir. Paris, 1836, 1 br. 4°.

## IV. CHIMIE.

26. ACCUM. Traité pratique des réactifs chimiques, traduit par RIFFAULT. Paris, 1819, 1 vol. 8°.

27. Agenda du chimiste. Paris, 1877, 1 vol. 12°.

36. BERTHELOT. La synthèse chimique. Paris, 1876, 1 vol.

25. BERZELIUS. Essai sur la théorie des proportions chimiques. Paris, 1819, 1 vol.

39. CAILLOT, A. Histoire des progrès de la chimie au 19e siècle. Strasb., 1838, 1 vol. 4°.

2. CHAPTAL. Eléments de chimie. 3e édit. Paris, 1796, 3 vol.

1. CHOULETTE. Observations pratiques de chimie, de pharmacie et de médecine légale. Paris, 1860, 1 br.

23. DULK. Synoptische Tabellen über die Atomgewichte der Körper. Leipzig, 1834, 1 vol. fol°.

28. ENGELHARDT, F. A. Sur la coloration des verres en bleu. Strasbourg, 1819, 1 br. 4°.

3. FUCHS. Pouvoir éclair. du gaz de Boghead. 1866, 1 br. 4°.

4. GEBERT. Chemische Schriften. Wien, 1751, 1 vol.

39. GRAHAM. Lehrbuch der Chemie. Braunschw., 1840, 18 fasc.

29. JAMIN. Exposé des découvertes de Kirchhoff et Bunsen sur le spectre. Paris, 1862, 1 br. pl.

5. HUMPHRY-DAVY. Eléments de chimie appliquée à l'agriculture. Paris, 1820, 1 vol. pl.

6. KÆPPELIN. Cours de chimie. Colmar, 1837, 1 vol. 12°.

33. — Tableaux synoptiques de chimie. Colm., 1842, 1 vol. fol°.

35. KOPP. Examen comparatif du rouge d'aniline et de la fuchsine. Paris, 1861, 1 br. 4°.

7. KOSSMANN. Thèse sur la Digitaline. Strasb., 1859, 1 br. 4°.

8. — Thèse sur les préparations mercurielles. Str., 1864, id.

9. KUHLMANN, E. Action du plomb sur les eaux potables. Mulhouse, 1867, 1 br.

34. KUHLMANN, F. Discours d'inauguration de l'amphithéâtre de chimie de Lille. Lille, 1824, 1 br.

22. LAVOISIER. Traité élément. de chimie. 3e éd. Paris, 1801, 3 v.

10. Lœwel, Sesquioxyde de chrome. Paris, 1845, 1 br.

38. Monoyer, Ferd. Des fermentations. Strasb., 1862, 1 vol. 4°.

11. Nicklès, N. Revue des travaux de chimie publiés à l'étranger en 1867 et 1868. Paris, 1868-69, 2 vol.

11bis — Recherche du fluor. Action des acides sur le verre. — Sur la diffusion du fluor. — L'acide sulfurique fluorifère et sa purification. — La psychologie et les sciences d'observations. — De la recherche de l'argent au point de vue médico-légal. — Sur une nouvelle classe de combinaisons chimiques. — Sur les relations d'isomorphisme qui existent entre les métaux du groupe de l'azote. — De la non existence du Wasium comme corps simple. — Recherches sur le Thallium. — De l'analyse de la fonte et de l'acier. Recherche du soufre et du phosphore dans ces métaux. — Dénaturation du sel pour l'agriculture. — Rapport sur la fabrique de produits chimiques de Dieuze. — Sur l'existence du perchlorure de manganèse. — Recherches de chimie appliquée. — Nouveau procédé d'affinage de la fonte. — Usages industriels du chlorure de Calcium. — 16 br.

32. Oechsner et Pabst. De l'action de l'ammoniaque sur l'acétone. Paris, 1876, 1 br. 4°.

12. Orfila. Eléments de chimie. Paris, 1831, 2 vol.

13. Ortlieb. Note sur la composition de la matière colorante de la graine de Perse. Mulhouse, 1859, 1 br.

14. Rapport sur le concours pour le prix de chimie appliquée, fondé par M. Bonfils. Nancy, 1863, 1 br.

15. Sacc. Sur l'emploi de l'aloës à la coloration des tissus. — Sur l'essai des gommes employées pour épaissir les couleurs. — Procédé de conservation des viandes et des légumes. — Action de l'acide nitrique sur les chlorures alcalins. — Sur le rôle du sel en agriculture. — Analyse du bois de chêne. — 6 br.

16. — Le laboratoire de chimie de Neufchâtel. 1869, 1 br. 4° avec pl.

24. — Eléments de chimie minérale. Paris, 1870, 1 vol. 12°.

30. SACC. Chimie des végétaux. — Chimie des animaux. — Chimie du sol. Paris, 1873. — 3 vol. 12°.

31. SCHÆUFFELÉ. Sur quelques sulfates à plusieurs bases de la série magnésienne, et sur l'arsénic des zincs du commerce. Mulhouse, 1849, 1 br. 4°.

17. SCHEURER-KESTNER. Recherches théoriques sur la préparation de la soude par le procédé Leblanc. — Nouvelles recherches id. — Sur la théorie de la préparation de la soude par le procédé Leblanc. — Théorie de M. Dumas concernant la préparation de la soude — Remarques sur les azotates de fer. — Recherches sur l'azotate ferrique. — Recherches sur les azotates de fer. — Quelques nouvelles combinaisons du fer. — Mémoire sur le dosage de l'albumine par le permanganate de potasse. — Saponification des corps gras. — Sur les produits de l'oxydation du protochlorure d'étain. — Principes élémentaires de la théorie chimique des types. — Constitution chimique du vert Guignet. — Fabrication du chlorure de chaux.— Régénération du soufre des marcs de soude. — Rapport sur un mémoire de M. Wilm relatif à l'aniline et la fuchsine. — Rapport sur un mémoire traitant de la préparation industr. de la baryte caustique. — Composition et chaleur de combustion du lignite. — 18 br.

40. SCHLAGDENHAUFFEN. Composés du cyanogène. Strasbourg, 1863, 1 vol. 4°.

37. SCHÜTZENBERGER, P. Les fermentations. Paris, 1873, 1 vol.

18. *Sol sine veste ;* experiment dem Gold seinen Purpur auszuziehen. Cassel, 1742, 1 vol. 12°.

41. TAUFFLIEB. De l'analyse chimique des poisons. Strasbourg, 1834, 1 vol. 4°.

19. THÉNARD. Cours de chimie de la Sorbonne. 1826-1827, 4°, (manuscrit).

21. — Traité de chimie, 4e édit. Paris, 1824, 5 vol.

20. WUTTIG. Uebersicht meiner System der Hyloglosie und der chemischen Fabrikenkunde. Berlin, 1821, 1 vol.

# E. Sciences agricoles.

## 1. AGRICULTURE ET ÉCONOMIE RURALE.

58. Agriculture du Puy-du-Dôme. Clermont, 1860, 1 vol.

76. ALBRET (d'). Cours théorique et pratique de la taille des arbres fruitiers. Paris, 1840, 1 vol. pl.

1. Algérie (l') à l'exposition univ. de Londres en 1862, 1 vol.

3. Annales de l'agriculture française, 3e série, Nᵒˢ 1 à 54, 1829-31, 55 fasc.

107. Annales de l'institut national agronomique, Nᵒ 1. Paris, 1878, 1 vol.

2. Arrêté pour la culture du tabac dans le Haut-Rhin. 1860 et 1866, 2 br.

94. BARRAL. La ferme de M. Tachard à Niedermorschwiller. Paris, 1863, 1 br. pl.

98. BASTIEN. Nouvelle maison rustique. Paris, 1798, 3 vol. 4ᵒ.

5. BEATSON. Neues Ackerbau System. Weimar, 1841, 1 br.

84. BENTZ et STOLZ, père. Atlas agricole avec manuel explicatif. Strasb., 1859 ; atlas folᵒ de 12 pl. et 1 vol. 12ᵒ.

6. BERTIN. Statistique des subsistances et des comices agricoles. Paris, 1856, 2 fasc.

7. BISSON et PRADEL. Nouveau procédé de rouissage, 1 br.

88ᵗᵉʳ BLONDEAU DE JUSSIEU. Considérations sur les cépages de la Côte-d'Or et du Beaujolais. Paris, 1860, 1 br.

37. BOITARD. Traité des prairies naturelles et artificielles. Paris, 1827, 1 vol.

8. BONMARTIN. Procédé pour extraire le sucre des betteraves. Paris, 1812, 1 br.

53. BURGGRAF. Cause de la maladie des pommes de terre. Paris, 1837, 1 br.

90. BURTZ. De la création d'une banque foncière et commerciale à Mulhouse. Mulh., 1876, 1 br.

4. Castex (de). De l'enquête agricole. Strasb., 1866, 1 br.

85. Chapellier. Variétés agricoles. Epinal, 1854, 1 br.

86. — Etude sur l'introduction, la culture, la fabrication et la législation du tabac en Lorraine. Epinal, 1871, 1 br.

96. Chaptal. Traité de la culture de la vigne et l'art de faire le vin, les eaux-de-vie, etc. Paris, 1801, 2 vol.

73. (Chauffour, I.). Usages locaux constatés en 1855 dans le département du Haut-Rhin. Colmar, 1856. 1 br.

9. Chopin. Mémoire sur la nécessité de fonder l'unité de l'agriculture. Laon, 1851, 1 br.

79. Christian. Instruction sur la manière de préparer le chanvre et le lin sans rouissage. Paris, 1818, 1 br. 4°.

11. Comice agricole de Bouxwiller, 1er bulletin. Strasbourg, 1841, 2 br.

12. Comices agricoles du Haut-Rhin. Arrêté du préfet, an XII. — Nominations des membres des comices. — Discours prononcé par M. le préfet Desportes à la première séance, an XII. — 3 br.

13. Commission départementale d'agriculture du Bas-Rhin. Strasbourg, 1851, 1 br.

14. Compagnie générale de desséchement. Paris, 1832, 1 br.

80. Comptes-rendus des travaux de la Société des agriculteurs de France. Annuaire de 1869. Paris, 1869, 1 vol.

15. Comptes-rendus des comices agricoles de l'arrondiss. de Mulhouse, 1865-68 ; Nos 2 à 5 et règlements, 5 fasc.

16. Comptes-rendus de la chambre consultative d'agriculture de Strasbourg en 1853, 54 et 58, 3 fasc. 4°.

87. Concours régional de 1859 (Strasbourg). Paris, 1860, 1 vol.
—      —      — de 1860 (Colmar). Paris, 1864, 1 vol.

18. Courtois-Gérard. Elementar-Kursus des Gemüsebaus. Mulhouse, 1857 ; trad. par Becker, 1 vol.

10. Coussin. Catéchisme agricole. Bordeaux, 1862, 1 br.

57. Culture du lin en France. Corbeil, 1852, 1 br.

69. Des Cars (le cte A.). L'élagage des arbres. Paris, 1 vol. 12°.

19. Douette-Richardot. Tableau analytique des travaux et expériences en agriculture. Paris, an XII, 1 br.

20. Dunand. Moyen d'élever le niveau des connaissances agricoles. Mâcon, 1864, 1 br.

63. Enquête agricole, 13me circonscription : Bas-Rhin et Haut-Rhin. Paris, 1869, 1 vol. 4°.

65. Eresby (d'). En Alsace. Revue agronomique des années 1868-69. Colmar, 1870, 1 vol.

21. Examen des avantages de l'emploi de la scie au lieu de la hache pour façonner le bois. Colmar, 1809, 1 br.

23. Exposé de l'enseignement agricole de l'institution de Grignon. Paris, 1841, 1 br.

22. Exposit. des produits de l'agriculture à Alger en 1862, 1 br.

64. Faudel, G. De viticultura Richovillana. Arg. 1780, 1 vol. 4°.

103. Fessenmeyer. Etudes de géologie agricole appliquées à l'Alsace. De la perméabilité des roches par l'eau et de la formation des sources. Colmar, 1877, 1 br.

24. Feuilles des Comices agricoles du départ. du Haut-Rhin. Année 1836 et 1er semestre 1837, 2 vol.

66. Flaxland. L'agriculture à l'exposition universelle de 1867. Paris, 1868, 1 br.

54. Forgemol. Préparation du chanvre et du lin sans rouissage. Paris, 1867, 1 br.

99. Forsyth. Traité de la culture des arbres fruitiers. Paris, 1803, 1 vol. av. pl. (trad. Pictet-Mallet).

25. Fouquet. Engrais et amendements. Paris, 1 vol.

71. Gabiou. Modèle d'un registre à l'usage des cultivateurs. Paris, 1821, 1 br.

26. Garnot. Invention d'un coffre-magasin pour la conservation des grains. Oran, 1851, 1 br.

27. Georges. Vœu du Comice de Saint-Quentin sur la législation des céréales. 1859, 1 br.

101. Gerber-Keller. Notice sur le décorticage des céréales par le procédé de M. Weiss. Mulhouse, 1869, 1 br. pl.

95. Grad. Les forêts d'Alsace et leur exploitation. Colmar, 1877, 1 br.

— Coup-d'œil sur le développement de la viticulture en Alsace et en Allemagne. Mulhouse, 1875, 1 br.

29. Guyot. Viticulture de l'Est, du Nord-Est, du Centre-Nord et du Sud-Ouest de la France. Paris, 1862-66, 3 vol. gr. 8°.

29[bis] — Sur le viticulture du canton d'Evian. Paris, 1868, 1 v.

30. Hennequin. Notice sur la Compagnie agricole et industrielle d'Arcachon. Paris, 1838, 1 br. pl.

31. Hervé-Mangon. Expériences sur les limons. Paris, 1864, 1 br.

67. Heuzé. Moyens d'atténuer les effets de la sécheresse sur les productions fourragères. Paris, 1870, 1 br.

28. Heylandt. Traité de l'emploi pratique des instruments d'agriculture. Colmar, 1863, 1 br. pl.

88[bis] Humbert. Méthode Falcher, nouvelle culture de la pomme de terre. Mirecourt, 1 br.

32. Instruction sur la fabrication du sucre de raisin. Colm. 1 br.

33. Instruction sur la manière de conserver les pommes de terre. Colmar, 1847, 1 br.

59. Instruction sur les engrais et les fosses à fumier. Colmar, 1856, 1 br.

88. Jamin. Culture et plantation des arbres fruitiers. Paris, 1856, 1 br.

68. Jaubert de Passa. Recherches sur les arrosages chez les peuples anciens. Paris, 1847, 4 vol.

72. Jolissaint. Essai pratique d'aménagement des forêts de St[e]-Ursanne. Porrentruy, 1855, 1 vol.

34. Kæppelin, R. Traité sur la végétation. Colm., 1833, 1 br.

35. — De l'utilité des forêts. 1 br.

36. — Du défrichement des forêts. 1 br.

36[bis] — De l'emploi des résidus de betteraves cuites. 1 br.

75. Kampmann. Utilité d'un comptoir agricole. Colmar, 1 br.

74. Kirschleger. Statistique de la viticulture dans le départ. du Bas-Rhin. Strasbourg, 1848, 1 br. 12°.

64. Kœnig, Ch. (fils). Connaissances premières sur la culture des arbres fruitiers. Colmar, 1865, 1 br.

64[bis] Kœnig, Ch. (père). Notice sur le mélèze et les avantages de sa culture. Colmar, 1840, 1 br.

70. KOSMANN. Recherches analytiques sur les roches sous le point de vue de leurs principes absorbables par les végétaux. Genève, 1871, 1 br.

17. LA BERGERIE. Mémoire sur la culture des chanvres et des lins. Paris, an VIII, 1 br.

38. LAGRUE. Agriculture élémentaire. Paris, 1838, 1 vol.

56. LAMBERTYE (C^te DE). Sur les semis de graines de légumes. Grenoble, 1867, 1 br.

39. LATERRIÈRE. Conservation du blé. Paris, 1863, 2 br.

62 LEFÉBURE et TISSERAND. Etude sur l'économie rurale de l'Alsace. Paris, 1869, 1 vol. 12°.

40 LEREBOULLET. Rapport sur la maladie du colza. Strasb., 1865, 1 br.

41. LIBLIN. Le vignoble du Haut-Rhin. Colmar, 1863, 1 br.

42. LUIS SADA DE CARLOZ. Quinta normal de la Republica de Chile para la ensenanza de la Agricultura. Santiago, 1851, 1 br. pl.

100. MAUPIN. L'art de la vigne. Paris, 1780, 1 vol. 12°.

92. Moniteur du Concours régional de Colmar en 1860. Colm., 1860, 1 vol. 4° av. pl.

77 MOREAU et DAVERNE. Manuel pratique de la culture maraichère. Paris, 1845, 1 vol.

44. MULOT. Sur la fabrication du sucre de betteraves. Paris, 1814, 1 br.

60. MÜNTZ. Rapport sur l'impôt du sel. Wissemb., 1844, 1 br.

45. NICKLÈS. Sur la dénaturation du sel destiné à l'agriculture. 1 br.

43. ONIMUS. Mémoire sur l'aliénation et le défrichement de la forêt, et sur les irrigations du territoire de la Harth. Colmar, 1866, 1 br.

46. ORTLIEB. Plan et instructions pour l'amélioration de la terre. Strasbourg, 1789, 1 vol.

55. PAVY. Le crédit agricole par les réserves de blé. Tours, 1867, 1 br.

89. PERRET. Trois questions sur le vin rouge. Grenoble, 1868, 1 br.

89^bis PERRET. Cuves à étages et appareil de distillation. Paris, 1870, 1 br.

47. POIZAT. Procès-verbaux des chambres consultatives d'agriculture du Haut-Rhin, 1852-61. Colmar, 1862, 1 vol.

78. PUVIS. De l'importance des semis pour l'amélioration des variétés cultivées. Bourg, 1847, 1 br.

82. QUIQUEREZ. Notice sur le déboisement des Franches-Montagnes. Porrentruy, 1 br.

48. Rapport sur l'utilité des paragrêles. Paris, 1826, 1 br.

97. REBOUL DE NEYROL. Moyens de prévenir la gelée des vignes. Vesoul, 1875, 1 br.

91. RISLER, M. Les asiles agricoles de la Suisse. Mulhouse, 1846, 1 br.

81. ROBIN. De l'avenir des forêts en Algérie et en Alsace. Colmar, 1872, 1 br.

49. SACC. Précis élémentaire de chimie agricole, 2e éd. 1 vol.

83. SALOMON (DE). Traité de l'aménagement des forêts. Mulh., 1837, 2 vol. 8º et 1 atlas 4º.

50. SCHATTENMANN. Mémoire sur la culture de la vigne (fr. et allem.). — Mém. sur le palissage en lignes du houblon. — Sur la culture du tabac dans le Bas-Rhin. Strasbourg, 861-63. — 4 br.

105. SPRENGER. Anfangsgründe des Feldbaues. Stuttg., 1772, 2 vol.

51. STOLTZ, J. L. Manuel élémentaire du cultivateur alsacien. Strasbourg, 1842, 1 vol.

51^bis — Der elsässische Weinrebbau. Strasb., 1844, 1 vol.

52. Sucre indigène. Appel de l'agriculture aux Conseils généraux. Paris, 1836, 1 br. 4º.

102. THOR. Die Künst aus Obst, Beeren, Blüten, etc. ein vortrefflichen Wein zu befertigen. Ilmenau, 1828, 1 vol.

93. VAISSIER. Un concours sur la maladie de la vigne en Franche-Comté en 1777. Besançon, 1873, 1 br.

106. WINCKLER, TH. Revue synoptique des principaux vignobles de l'univers. Mulhouse, 1863, 1 br. fol°.

II. ACCLIMATATION, ANIMAUX UTILES ET NUISIBLES, ANIMAUX DOMESTIQUES, ÉPIZOOTIES ET MÉDECINE VÉTÉRINAIRE

46. BOILLEY. Le hasard utilisé ou ruche comto-jurassienne. Lons-le-Saulnier, 1826, 1 br.

41. BOITARD et CORBIÉ. Les pigeons de volière et de colombier. Paris, 1824, 1 vol. 8º av. pl. col.

1. BONJEAN. Conservation des oiseaux. Paris, 1 br.

2. CADILHAC. Les moutons de Larzac. Paris, 1860, 1 br.

43. CASTEL. Du cheval à deux fins et de sa production. Nancy, 1863, 1 br. — Id. 2e édit., 1866.

3. CHABERT. Instruction sur la péripneumonie des bêtes à cornes. Paris, an II, 1 br.

37. CHAPELLIER. Considérations sur le dépeuplement progressif de nos rivières. Epinal, 1864, 1 br.

34. Compte-rendu de l'administr. du Haras pour 1851, 1 br. 4º.

4. Concours d'animaux reproducteurs en 1860. Paris, 1861, 1 v.

5. DITTMER. Les haras et les remontes. Paris, 1842, 1 br.

44. DOLLFUS-AUSSET. Passe-temps équestres. Strasb., 1840, 1 vol. 12º.

47. DUCOUÈDIC. La ruche pyramidale et la ruche écossaise. Paris, 1812, 1 br.

39. DUMAST (G. DE). De la Sériculture. Nancy, 1870, 1 br.

6. ENGEL. Instruction sur la culture des abeilles. Strasbourg, 1808, 1 vol.

29. — Zuschrift der Nacheiferungs-Gesellschaft zu Colmar, die Bienenzucht betreffend. Strasb., 1808, 1 vol.

53. ETZEL (von). Etwas über die Jagdverhältnisse in Elsass-Lothringen. Berlin, 1875, 1 br.

48. FÉBURIER. Traité sur les abeilles. Paris, 1810, 1 vol.

7. FERRY. Nouveau vocabulaire, ou l'art de connaître les chevaux. Lunéville, 1840, 1 br. 4º av. pl.

49. GÉLIEU (DE). Le conservateur des abeilles. Mulh., 1816, 1 v.

8. Gloger. De la nécessité de protéger les animaux utiles. — Hegung der Höhlenbrüter. — Die nützlichsten Freunde der Land und Forstwirthschaft unter den Thieren. — Ermahnung zum Schütze nützlicher Thiere. — Berlin, 1858-65, 4 br. 8°.

8bis — Gesetz betreffend den Schutz nützlicher Vogelarten. Berlin, 1877, 1 br. fol°.

33. Guénon. Die äussern Zeichen der Milchergiebigkeit bei den Kühen. Colmar, 1846, 1 br. av. pl.

45. Haxo. Fécondation artificielle et éclosion des œufs de poissons. Epinal, 1852, 1 vol.

36. Hollier. Histoire des abeilles. Rhodez, 1867, 1 br.

9. Huber. Bienenzucht. Lahr, 1863, 1 vol.

50. Huber, F. Nouvelles observations sur les abeilles. Paris, 1796, 1 vol. 12° pl.

10. *Insectologie* (l') *agricole*, ann. I à III (1867-69), 3 vol. av. pl.

11. Knoll. Zootechnie. Guebwiller, 1868, 2 vol. av. pl.

51. Lombard. Manuel des propriét. d'abeilles. Paris, 1825, 1 v.

52. Martin. Traité des ruches à air libre. Paris, 1826, 1 vol.

42. Moyen sûr et facile de détruire les taupes. 1770, 1 br.

12. Personnat. Le ver à soie du chêne. Paris, 1868, 1 br.

13. Réaumur (de). Art de faire éclore les oiseaux domestiques. Paris, 1749, 2 vol.

57. Rendu. Les insectes nuisibles à l'agriculture, aux jardins et aux forêts de la France. Paris, 1876, 1 vol.

14. Réponse au D‍r Robert en faveur des moineaux. 1868, 1 br.

40. Robert. Les destructeurs des arbres d'alignement. Paris, 1867, 1 vol.

38. Roumeguière. Questionnaire sur les vipères de France. Toulouse, 1860, 1 br.

15. Royère (Marquis de). Essai sur les avantages offerts à l'Alsace par une circulaire ministérielle de 1826, relative à l'élève des chevaux en France. Strasb., 1821, 1 br. 4°.

16. Sacc. Essai sur les poules de Nankin. Paris, 1860, 1 br.

17. — Acclimatation des chèvres d'Angora. Paris, 1858, 1 br.

18. — Essai sur les chèvres. Paris, 1857, 1 br.

19. Schæffer. Devoirs de l'homme envers les animaux. Strasb.,
    1864, 1 vol.

35. Schæffer, J. Die Egelschnecken in den Lebern der Schafe.
    Ratisbonne, 1753, 1 br. 4° pl.

20. Schmid. Der Insectenschaden in den Getreidefeldern. Berlin,
    1861, 1 br.

21. Soubeyran. Rapport sur les vipères de France. Paris,
    1863, 1 br.

22. Thierry-Mieg, E. Die Lüftungsbienenzucht in Strohkörben.
    Mulhouse, 1841, 1 br. pl.

23. Thierry, P. J. Mémoire sur l'amélioration des chevaux dans
    les deux départ. du Rhin. Strasbourg, 1835, 1 br.

23bis — Id. en Alsace. Strasbourg, 1822, 1 br. 4°.

24. Tschudi. Die Vögel und das Ungeziefer. St-Gall, 1862, 1 br.

32. Verheyen. Zootechnie générale d'Aug. de Weckerlin.
    Bruxelles, 1857, 1 vol.

25. Vogelmann. Die Pferdezucht im Grosherzogthum Baden.
    Carlsruhe, 1843, 1 br. 4°.

26. Vogt. Leçons sur les animaux utiles et nuisibles. Paris,
    1867, 1 vol.

27. Weiler. De animalibus nocivis Alsatiæ. Str. 1768, 1 br. 4°.

28. Wilhelm. Traité sur l'art de l'équitation. Paris, 1822, 1 vol.

30. Zündel, A. De la désinfection et des désinfectants au point de
    vue vétérinaire. Paris, 1875, 1 vol.

31. — Sur une complication catarrhale de la fièvre aphteuse.
    Lyon, 1865. — De la nature du virus dans les maladies
    contagieuses. Lyon, 1869. — De la gâle des moutons.
    Colmar, 1869. — De l'inspection vétérinaire des viandes
    de boucherie. Paris, 1872. — La peste bovine au point de
    vue international. — Améliorations au mode de transport
    des animaux par chemins de fer. Paris, 1876. — Sur l'éle-
    vage des vers à soie de chêne fait en Alsace par M. Haus-
    halter. Strasbourg, 1876. — 7 br.

31bis — Gesundheitszustand der Hausthiere im Unter-Elsass,
    1872-1873. Schlestadt, 1873, 1 br. — Id. 1874-1875.
    Strasbourg, 1875, 1 br.

# F. Sciences médicales.

### I. OUVRAGES GÉNÉRAUX ET PÉRIODIQUES , DICTIONNAIRES, JOURNAUX.

1. Almanach (medizinischer) von Sachse. Années 1838 , 1841 à 1849. Berlin, 10 vol.

1<sup>bis</sup> Archives générales de médecine, 2<sup>e</sup> série, tome I , (1833).

2. Dictionnaire des sciences médicales par une Société de médecins et chirurgiens. Paris, 1812-1822, 60 vol.

3. Dictionnaire de médecine ou répertoire général des sciences médicales. 2<sup>e</sup> édit. Paris, 1832-1846, 30 vol.

4. Dictionnaire des termes de médecine , par MM. Begin , Boisseau, etc. Paris, 1823, 1 vol.

5. Dictionnaire de chirurgie pratique , par Samuel Cooper. Trad. de l'anglais. Paris, 1826, 2 vol.

6. Gazette médicale de Paris ; ann. 1833-49 et 1862-65; 20 v. 4°.

8. Journal des connaissances médico-chirurgicales ; tomes 1 à IX, années 1833-1843. 11 vol. et atlas.

12. Recueil de mémoires de médecine, de chirurgie et de pharmacie miliaires. 1<sup>re</sup> sér., tomes 1 à 64 (1815-47), 64 vol. — 2<sup>e</sup> série, tom. 9 à 11, 13 à 20, 22, (1852-58), et table des matières, 13 vol. — 3<sup>e</sup> série, tom. 1 à 6 , 11 à 16, 18 à 22, (1859-69), et table des tomes 1 à 20 ; 18 vol. — Total 95 vol. (et plusieurs N<sup>os</sup> dépareillés).

7. Réforme médicale par Marchal de Calvi. 1<sup>re</sup> année (1867). 1 vol. fol°.

9. Thèses de la faculté de médecine de Strasbourg. 695 fasc.

10. Thèses de la faculté de médecine de Montpellier. 6 fasc.

11. Thèses de la faculté de médecine de Paris. 16 fasc.

### II. ANATOMIE ET PHYSIOLOGIE.

1. ADELON. Physiologie de l'homme. Paris, 1823, 4 t. en 2 vol.

2. AUZOUX. Leçons d'anatomie et de physiologie à l'aide de l'anatomie clastique. Paris, 1839, 1 vol.

3. Bichat. Anatomie générale. Paris, 1801, 4 vol.

4. — Traité d'anatomie descriptive. Paris, 1801, 5 vol.

5. — Recherches physiologiques sur la vie et la mort. Paris, 1829, 1 vol.

23. — Traité des membranes. Paris, 1827, 1 vol.

6. Brazebet. Recherches sur les fonctions du système nerveux ganglionnaire. Paris, 1837, 1 vol.

19. Boyer. Traité d'anatomie. 2e édit. Paris, 1803, 4 vol.

7. Christophe. Le sécrétisme animal. Paris, 1836, 1 vol.

35. Combe. Manuel de phrénologie. Paris, 1836, 1 vol. 12° pl.

25. Delacroix. Connaissance du tempérament. Brux.,1829, 1 v.

22. Gall et Spurzheim. Anatomie des Gehirns. Stras., 1809, 1 v.

8. Gerdy. Physiologie philosophique des sensations et de l'intelligence. Paris, 1846, 1 vol.

21. Haller. Grundriss der Physiologie. Berlin, 1788, 1 vol.

30. — Primæ lineæ physiologicæ. Gœttingen, 1780, 1 vol.

33. Hartmann. Der Geist der Menschen ; Physiologie des Denckens. Wien, 1820, 1 vol.

20. Heister. Compendium anatomicum. Nürnb.,1749,1 vol. pl.

9. Kobett. De l'appareil du sens génital des deux sexes. Trad. par Kaula. Strasb., 1851, 1 vol. av. pl.

24. Kulmus. Anatomische Tabellen. Leipzig, 1791, 1 vol. pl.

10. Lallemand. Recherches anatomico-physiogiques sur l'encéphale. Paris, 1830, 9 fasc.

11. Lauth, Th. Eléments de myologie et de syndesmologie. Tome I. Bâle, 1798, 1 vol.

12. Lauth, E. A. Nouv. manuel de l'anatomiste. Paris, 1829, 1 v.

38bis Legros et Onimus. Recherches expérimentales sur la circulation. Paris, 1868, 1 br. 8°.

— De l'emploi des courants électriques continus pour remédier aux accidents causés par le chloroforme. Paris, 1868, 1 br. 4°.

37. Leprieur. Recherches sur la conservation temporaire des cadavres. Paris, 1873, 1 br. 8°.

13. Magendie. Précis élément. de physiologie. Paris, 1833, 2 v.

14. Meckel. Manuel d'anatomie, trad. Jourdan. Paris, 1825, 3 v.

38. Onimus. De la théorie dynamique de la chaleur dans les sciences biologiques. Paris, 1866, 1 br.
— Expériences sur la genèse des Leucocytes et sur la génération spontanée. Paris, 1867, 1 br.
39. Papillon. L'électricité et la vie. Paris, 1872, 1 br.
31. Prochaska. De carne musculari. Vienne, 1778, 1 vol.
27. Renard et Wittmann. Das Weib im gesunden und kranken Zustande. Leipzig, 1821, 1 vol.
15. Réveillé-Parise. Physiologie et hygiène des hommes livrés aux travaux de l'esprit. Paris, 1839, 2 vol.
16. Richerand. Eléments de physiologie. Paris, 1825, 2 vol.
32. Rudow. Versuch einer Theorie des Schlafs. Kœnigsberg, 1792, 1 vol.
17. Sarlandière. Traité du système nerveux. Paris, 1840, 1 v.
28. Sömmering. Vom Hirn und Rückenmarck. Mainz, 1788, 1 v.
36. Thoré. Dictionnaire de phrénologie. Paris, 1836, 1 vol.
29. Thouret. Recherches sur le magnétisme animal. Paris, 1786, 1 vol.
26. Tinchant. Doctrine nouvelle sur la reproduction de l'homme. Paris, 1822, 1 vol.
34. Waltelenius. De lacte humano. Leipzig, 1789, 1 vol.
40. Walter, F. A. De polypis et de hepate. Berol. 1786, 1 v. 4° pl.
18. Zinn. Descriptio anat. oculi humani. Gœtt., 1755, 1 vol. pl.

III. sciences accessoires, histoire naturelle et chimie médicales, thérapeutique, matière médicale et pharmacie.

1. Baud. Emploi thérap. des corps gras phosphorés extraits de la moëlle des ruminants. Paris, 1858, 1 br. 4°.
20. Biéchy. Du brownisme et du controstimulisme. Strasb., 1855, 1 br.
2. Bœcler, J. Cynosura materiæ medicæ. Str. 1747, 1 vol. 4°.
3. Bouchardat. Formulaire magistral. Paris, 1840, 1 vol.
25. Braun. Medizinischer Vade mecum. Heidelb., 1818, 1 vol.
24. Burdach. Neues Receptentaschenbuch. Leipzig, 1811, 1 v.

23. Cullen. Cours de matière médicale. Louvain, 1792, 2 vol.
4. Das aufgeklärte Geheimniss der Sympathie. Linz, 1784, 1 v.
35. Denckschrift über die Zustände der Pharmacie in Elsass-Lothringen (par Kuhlmann). Mulh., 1871, 1 br.
5. Fleury. Traité d'hydrothérapie. Paris, 1852, 1 vol.
6. Foy. Formulaire des praticiens. Paris, 1833, 1 vol.
7. Guibourt. Histoire des drogues simples. Paris, 1826, 2 vol.
37. Hahn. Unterricht von der wunderbaren Heilkraft des frischen Wassers. Ilmenau, 1831, 1 vol. 12°.
21. Hecker. Therapia generalis. Erfurt, 1805, 1 vol.
8. Henri et Guibourt. Pharmacopée raisonnée. Paris, 1828, 2 v.
28. Horn. Handbuch der praktischen Arzeneimittellehre. Berlin, 1811, 1 vol.
22. Kluge. Versuch des animalischen Magnetismus als Heilmittel. Berlin, 1811, 1 vol.
9. Lugol. Mémoire sur l'emploi de l'iode. Paris, 1831, 1 vol.
11. Mathieu (de la Drôme). Bains à l'hydrofère. Paris, 1861, 1 b.
10. Matthioli. Opera, publ. par Bauhin. Bâle, 1674, 1 vol. fol°.
33. Mizaldus, Ant. Nova et mira artificia. Lutetiæ, 1565. — Hortus medicus. Lut., 1574, 1 vol.
31. Murray. Apparatus medicaminum. Gœtting., 1776, 5 vol.
32. — Opuscula médic. et hist. nat. Gœtting., 1786, 2 vol.
29. Pharmacopea pauperum. Hambourg, 1804, 1 vol.
34. Préterre. Recherches sur les propriétés phys. et anesthésiques du protoxyde d'azote. Paris, 1866, 1 br.
12. Remler. Tabellen über die Menge der auflöslichen Bestandtheile aus den Gewæchsen. Erfurt, 1785, 1 vol. 4°.
13. Richard. Botanique médicale, 1re partie. Paris, 1823, 1 v.
30. Schmidt. Recepte. Leipzig, 1831, 1 vol.
26. Simon. Ueber den Sublimat und die Inunktionskur. Hambourg, 1826, 1 vol.
14. Sobernheim. Handbuch der praktischen Artzneimittellehre. Saint-Gall, 1840, 1 vol. 4°.
36. Spielmann, J. R. Pharmacopea generalis. Arg. 1783, 1 v. 4°.
27. Störck. De l'innocuité de la ciguë. Vienne, 1765, 1 vol.
15. Tractatus de potu cafe, the et chocolata. Paris, 1695, 1 vol.

16. Trousseau et Pidoux. Traité de thérapeutique et de matière
    médicale. Paris , 1836, 3 vol.
17. Turck. Essai sur le bain tiède. Lyon, 1861, 1 br.
18. Virey. Traité de pharmacie théorique et pratique. Paris,
    1823, 2 vol.
19. Vogel. Historia materiæ medicæ. Francfort, 1741, 1 vol.


## IV. Médecine et pathologie interne.


61. Allionius. Tract. de miliarum natura. Aug. Taur. 1758, 1 v.
1. Andral. Clinique médicale. Paris , 1829, 5 vol.
2. Baglivi. Opera medico-practica. Autw., 1719, 1 vol. 4°.
3. Barrat. Traité des gastralgies et entéralgies. Paris, 1839, 1 v.
4. Bœrhave. Prolectiones academicæ in proprias institutiones
    rei medicæ. Gœttingen, 1774, 7 vol.
68. Bondi. Pathologie des Weichselzopf. Berlin, 1828, 1 vol.
5. Bouillaud. Traité des fièvres essentielles. Paris, 1826, 1 v.
6. Broussais. Histoire des phlegmasies. Paris, 1829, 3 vol.
7. Bruckmann. Ennaratio choreæ S. Viti. Francf , 1786, 1 br.
41. Buchau. Médecine domestique. Paris, 1792, 5 vol.
68. Bucholz. Von dem Fleck und Frieselfieber. Weimar ,
    1773, 1 vol.
48. Burdach. Handbuch der Pathologie. Leipzig, 1808, 1 vol.
8. Celsius. De Medicina libri octo. Bâle, 1748, 1 vol.
79. Choléra. 4 brochures concernant le choléra.
9. Chomel. Eléments de pathologie génér. Paris, 1824, 1 vol.
10. — Leçons de clinique médicale. Paris, 1831, 1 vol.
11. Chopard. Du foie ; traitement du diabète par les eaux de
    Vichy. Paris, 1859, 1 br.
12. Collin. Des diverses méthodes d'exploration de la poitrine.
    Paris, 1831, 1 vol.
13. Conradi. Handbuch der allgemeinen Palhologie. Marburg,
    1826, 1 vol.
13[bis] — Handbuch der speziellen Pathologie. Id. 1826, 2 vol.
14. Cullen. Eléments de médecine pratique. Paris, 1819, 3 v.

33. EHRMANN, J. A. Récherches sur l'anémie cérébrale Strasb., 1858, 1 br.

60. FISCHER (DE). De febre miliari. Riga, 1797, 1 vol.

15. FOURNET. Récherches sur l'auscultation. Paris, 1839, 2 vol.

46. FRANCK. De curandis hominum morbis, libri V. Manheim, 1792-94, 5 vol.

47. — Erregungs Theorie. Heilbronn, 1803, 1 vol.

56. GAUBIUS. Institutiones pathologicæ. Leyde, 1781, 1 vol.

16. GENDRIN. Leçons sur les maladies du cœur. Paris, 1841, 1 v.

65. HAGEN et KRAUS. Der torpide Croup. Gœtt., 1835, 1 vol.

78. HAIBER. De febribus annuis. 1784, 1 vol.

17. HALLER. Opuscula pathologica. Lausanne, 1775, 1 vol.

70. HAREL DE TANCREL. Thérapeutique de la phtysie. Paris, 1830, 1 br.

44. HECKER. Kunst die Krankheiten der Menschen zu heilen. Erfurt, 1805, 2 vol.

58. HERZ. Versuch über den Schwindel. Berlin, 1786, 1 vol.

18. HOFFMANN, F. Opuscula pathologica. Halle, 1738, 2 vol.

69. HOFFMANN. Ueber die Brechruhr. Stuttgart, 1831, 1 br.

19. HUFELAND. Bemerkung über die Blattern. Leipz., 1789, 1 v.

20. — Anleitung zur medical Praxis. St-Gall, 1839, 1 vol.

81. KESTNER. Étude sur la Trichina spiralis. Paris, 1864, 1 vol.

21. KORABIEWICZ. Notice sur le choléra en Pologne. Strasb., 1832, 1 br.

66. KRüGER-HAUSEN. Normen für die Behandlung des Croups. Rostock, 1832, 1 br.

23. LÆNNEC. Traité de l'auscultation. Paris, 1831, 3 vol.

22. LAVILLE. Exposé thérapeutique d'un traitement de la goutte. Paris, 1815, 1 br.

24. LEPELLETIER DE LA SARTHE. Des hémorroïdes et de la chute du rectum. Paris, 1831, 1 vol.

25. LIEUTAUD. Synopsis universæ praxis medicæ. Amsterdam, 1765, 1 vol.

26. LOUIS. Recherches sur la phtysie. Paris, 1825, 1 vol.

27. MEREY (DE). Commentaires sur les aphorismes d'Hippocrate. Paris, 1817, 1 vol.

75. Mezler. Von der schwarzgallichten Constitution. Ulm, 1788, 1 vol.

73. Naumann. Grundzug der Contagionlehre. Bonn, 1833, 1 vol.

28. Ollivier (d'Angers). Traité des maladies de la moëlle épinière. Paris, 1838, 1 vol.

57. Ploucquet. Pathologie und allgemeine Heilkunde. Tubing. 1788, 1 vol.

29. Pomme. Traité des affections vaporeuses des deux sexes. Lyon, 1747, 1 vol. — Id. 1787; 3 vol.

30. Prost. Traité du choléra-morbus. Paris, 1832, 1 vol.

53. Quarin. De febribus et inflamationibus. Vienne, 1781, 1 vol.

72. Ramadge. Die Heilung des Asthma. Stuttgart, 1838, 1 br.

59. Raymond. Histoire de l'Elephantiasis. Lausanne, 1767, 1 v.

54. Roulier. Traité de la phtysie pulmon. Paris, 1784, 1 vol.

31. Réveillé-Parise. Guide pratique des goutteux. Paris, 1837, 1 vol.

52. Richter. Specielle Therapie. Berlin, 1821-31, 11 vol.

45. — Praktische Fieberlehre. Berlin, 1795, 1 vol.

71. Rotteck. Ueber einige Brustkrankheiten. Frib., 1839, 1 br.

34. Sachs. Collegium practicum (man.), 1 vol. folio.

50. Sauvages. Nosologia methodica. Amsterd., 1768, 2 vol. 4º.

35. Schœnlein. Allgemeine und specielle Pathologie und Therapie. Würtzbourg, 1834, 4 vol.

36. Sella. Medicina clinica. Berlin, 1786, 1 vol.

67. Siebert. Von der rothen Ruhr. Bamberg, 1839, 1 vol.

62. Spitta. Die Leichenœffnung in Bezug auf Pathologie und Diagnostic. 1826, 1 vol.

43. Sprengel. Handbuch der Pathologie. Leipzig, 1795, 3 vol.

76. Starck. Nova theoria pleuritidis veræ, 1786, 1 vol.

74. Stock. Heilung der innern Krankheiten. Leipz., 1831, 1 v.

42. Stoll. Rationis medendi, partes V. Vienne, 1777-89, 5 vol.

51. — Dissertationes ad morbos chronicos pertinentes. Vienne, 1788, 3 vol.

52. — Aphorismi de febribus. Vienne, 1786, 1 vol.

49. Stolpertus, ein junger Arzt am Krankenbette, durch einen patriotischen Pfältzer. Manheim, 1800, 3 vol.

55. Strahl. Der *Alp* und seine Heilung. Berlin, 1833, 1 vol.

80. Strohl. Des principaux ténifuges actuellement employés. Paris, 1854, 1 br.

— Mémoire sur le traitement de la pneumonie par l'acétate neutre de plomb. Paris, 1872, 1 br.

37. Trousseau et Belloc. De la phtysie laryngée. Paris, 1837, 1 v.

81bis Virchow. Des trichines, trad. par Onimus. Paris, 1864, 1 vol. 8° pl.

38. Vogel. Handbuch der praktischen Heilwissenschaften. Vienne, 1852, 5 vol.

64. Walter. De morbis peritonæi. Berlin, 1785, 1 vol. 4°.

39. Wecker, H. J., (Stadtarz zu Colmar). De secretis. Bâle, 1582, 1 vol. 12°.

39bis — Kunstbuch des wohlerfarnen H. Pedemonta. Colmar, 1571, 1 vol. 12°.

77. Wickmann. Etiologie der Krætze. Hanover, 1786, 1 vol.

40. Zimmermann. Von der Erfahrung in der Artzneykunst. Vienne, 1832, 1 vol.


## V. MALADIES SPÉCIALES.

33. Anel. De l'hydropisie du conduit lacrymal. Paris, 1716, 1 v.

1. Baudens. Leçons sur le strabisme et le bégaiement. Paris, 1841, 1 vol.

2. Baumès. Précis théorique et pratique sur les maladies vénériennes. Paris, 1840, 2 vol.

40. — Traité des maladies vénériennes. Paris, 1837, 1 vol.

28. Beck. Handbuch des Augenheilkunde. Heidelb., 1823, 1 v.

3. Boiveau-Laffecteur. Traité des maladies vénériennes. — Observations sur le Rob antisyphilitique. — 2 vol.

35. Brenner von Felsach. Ueber das Mückensehn. Vienne, 1833, 1 br.

4. Cazenave et Schedel. Abrégé des maladies de la peau. Paris, 1833, 1 vol.

7. Chervin. Du bégaiement et de son traitement, 22 br.

19. CHRESTIEN. Méthode iatraleptique dans le traitement des maladies vénériennes. Paris, 1811, 1 vol.

 5. DEVERGIE. Lettre sur la syphilis. Paris, 1841, 1 br.

31. DESLANDES. De l'onanisme et autres abus vénériens. Paris, 1835, 1 vol.

38. DOUBLET. Maladies vénériennes des nouveaux-nés. Paris, 1781, 1 br.

39. EBLE. Die ægyptische Augenenzündung. Stuttg., 1838, 1 br.

22. FABRE. Traité des maladies vénériennes. Paris, 1795, 1 vol.

37. FRICKE. Die Blepharoplastik. Bamberg, 1829, 1 br. pl.

24. GARDANE. Traitement des maladies vénér. Paris, 1774, 1 v.

 6. GIBERT. Traité pratique des maladies de la peau. Paris, 1840, 1 vol.

26. HECKER. Die venerischen Krankheiten. Erfurt, 1801, 1 vol.

18. HEINROTH. Lehrbuch der Seelengesundheitskunde. Leipzig, 1823, 2 vol.

17. HENCKE. Handbuch der Kinderkrankheiten. Francf., 1818, 2 tomes en 1 vol.

29. HORNE (DE). Observations sur les différentes méthodes d'administrer le mercure dans les maladies vénériennes. Paris, 1779, 2 vol.

43. HUMBERT. Manuel pratique des syphilides, d'après les leçons de M. Biett. Paris, 1833, 1 vol. 12°.

42. KRAMER. Die langwierige Schwerhörigkeit. Berlin, 1833, 1 b.

36. KRÜGER-HAUSEN. Die ægyptische Augenentzündung. Güstrow, 1836, 1 vol.

 8. LAGNEAU. Traité pratique des maladies syphilitiques. Paris, 1728, 2 vol.

30. LANTHOIS. Nouvelle théorie sur les maladies vénériennes. Paris, 1822, 1 vol.

23. MAÎTRE, JEAN-ANTOINE. Traité des maladies de l'œil. Paris, 1740, 1 vol.

16. MARQUEZ. Emploi du séton filiforme dans le traitement du bubon suppuré. Paris, 1859, 1 br.

 9. MEISSNER. Die Kinderkrankheiten. Reutlingen, 1832, 2 vol.

41. MÈNE. Die Schwerhörigkeit. Leipzig, 1862, 1 br.

34. Müller. Die ægypt. Augenentzündung. Mainz, 1828, 1 vol.
10. Richard (de Nancy). Des maladies des enfants. Paris,
     1839, 1 vol.
11. Rose. Behandlung des venerischen Uebels. Augsb. 1780, 1 v.
27. Saint-Yves (de). Traité des maladies des yeux. Amsterdam,
     1767, 1 vol.
12. Sichel. Traité de l'ophtalmie. Paris, 1837, 1 vol.
29. Sœmmering. Krankheiten der Harnblase alter Männer.
     Francf., 1822, 1 vol.
21. Sosibius. Therapie des Trippers. Leipzig, 1831, 1 vol.
13. Stœber, V. Manuel pratique d'ophtalmologie. Paris, 1834,
     1 vol. av. pl.
14. Tissot. De l'onanisme. Lausanne, 1780, 1 vol.
25. Weller. Krankheiten des Auges. Berlin, 1826, 1 vol.
15. — Traité théorique et pratique des maladies des yeux.
     Paris, 1832, 2 vol.
32. Wendt. Die Luftseuche. Wien, 1827, 1 vol.


## VI. CHIRURGIE ET PATHOLOGIE EXTERNE.

1. Baudens. Mémoire sur un nouveau traitement de l'hydrocèle.
   Paris, 1851, 1 br.
2. Bell. Lehrbegriff der Wundarzneikunst. Leipz., 1791, 2 v.
3. Blandin. Parallèle de la taille et de la lithothricie. Paris,
   1834, 1 vol.
32. Bœckel, E. De la trachéotomie dans le croup. Strasbourg,
    1867, 1 vol. 8°.
5. Chelius. Handbuch der Chirurgie. Heidelb., 1833, 2 vol.
4. Choppart. Maladies des voies urinaires. Paris, 1830, 2 vol.
6. Civiale. Traité pratique des maladies des organes genito-
   urinaires. 1re partie. Paris, 1837, 1 vol.
23. Cooper, S. Handbuch der Chirurgie. Weimar, 1819, 5 vol.
26. Dionis. Cours d'opérations de chirurgie démontrées au
    jardin royal. Paris, 1716, 1 vol.
7. Gerdy. Traité des pansements. Paris, 1839, 2 vol.

8. GOULARD. Effets de l'extrait de Saturne pour différentes maladies chirurgicales. Pézénas, 1790, 1 vol.

31. HEISTER. Chirurgie. Nüremberg, 1752, 1 vol. 4º pl.

9. HUNTER. Oeuvres complètes, trad. avec notes par Richelot. Paris, 1839, 10 fasc.

25. LE DRAN. Parallèle des différeutes manières de tirer la pierre hors de la vessie. Paris, 1730, 1 vol. av. pl.

10. LISFRANC. De l'oblitération des artères dans les auévrismes Paris, 1834, 1 vol.

11. MALGAIGNE. Leçons cliniques sur les hernies. 1841, 1 vol.

12. — Manuel de médecine opératoire. Paris, 1834, 1 vol.

13. MAYOR. Déligation chirurgicale. Paris, 1832, 1 vol. pl.

33. — La chirurgie populaire. Paris, 1841, 1 br.

30. MECKEL. Tractatus de morbo hernioso congenito. Berlin, 1772, 1 vol.

14. MÉGLIN. Réponse à un de ses amis au sujet d'un coup de feu au bas-ventre. Paris, 1777, 1 br.

27. OTT. Abbildungen der chirurgischen Werkzeuge und Verbände. Munich, 1829, 1 vol.

29. PERCY. Pyrotechnie chirurgicale pratique. Metz, 1 vol. pl.

15. PLATNER. Institutions chirurgicæ. Leipzig, 1783, 2 vol.

16. RICHERAND. Monographie chirurgicale. Paris, 1821, 4 vol.

17. RICHTER. Anfangsgründe der Wundarzneykunst. Frankenthal, 1782, 6 vol.

24. — Von den Brüchen und Verrenckungen der Knochen. Berlin, 1828, 1 vol.

18. ROCHE et SANSON. Nouveaux éléments de pathologie médicochirurgicale. 2e édit. Paris, 1828, 5 vol.

19. SANSON. Réunion immédiate des plaies. Paris, 1834, 1 vol.

28. SAUTER. Anweisung die Beinbrüche zu heilen. Constanz, 1812, 1 vol. av. pl.

20. SCARPA. Traité de l'opération de la taille, trad. d'Olivier d'Angers. Paris, 1826, 1 vol.

21. THEDEN. Bemerkungen des Wundarzneykunst. Berlin, 1782, 1 vol.

22. VELPEAU. Du trépan dans les plaies de tête. Paris, 1834, 1 v.

## VII. OBSTÉTRIQUE, MALADIES DES FEMMES ET DES ENFANTS NOUVEAUX-NÉS.

1. ARTRUC. Traité des maladies des femmes. Avign., 1783, 3 v.

19. — L'art d'accoucher réduit à ses principes. Paris, 1766, 1 v.

2. BAUDELOCQUE. Traité de la péritonite puerpérale. Paris, 1830, 1 vol.

13. CARUS. Lehrbuch der Gynækologie. Leipzig, 1820, 2 vol. pl.

3. DUPARCQUE. Traité des altérations organiques de la matrice. Paris, 1835, 1 vol.

4. FLAMANT. Tableau synoptique des accouchements. Strasb., 1 tableau.

5. GÆRTNER. Tableaux d'obstétrique. Tübingen, 1840, 2 tabl.

21. GASTELLIER. Traité de la fièvre intermittente des femmes en couches. 1779, 1 vol.

6. HATIN. Cours complet d'accouchements. Paris, 1832, 1 vol.

15. LEVRET. Kunst der Geburtshülfe. Leipzig, 1778, 2 vol.

18. LIÉBAUT. Trois livres de maladies et infirmitez des femmes. Rouen, 1649, 1 vol.

7. MOREL. Anfangsgründe der Geburtshülfe zum Unterricht der Hebamen. Trad. de Baudelocque. Colm., 1807, 1 vol.

16. MAURICEAU. Traité des maladies des femmes grosses et accouchées. Paris, 1684, 1 vol. 4° av. pl.

8. NÆGELÉ. Lehrbuch der Geburtshülfe für Hebamen. Heidelb., 1833, 1 vol.

17. PASTA. Traité des pertes de sang chez les femmes enceintes. Paris, an VIII, 2 vol.

9. PLENK. Anfangsgründe der Geburtshülfe. Wien, 1736, 2 vol.

20. RŒDERER. Elementa artis obstetriciæ. Götting., 1776, 1 vol.

14. STEIN. Anleitung zur Geburtshülfe. Marburg, 1793, 1 vol.

10. TISSOT. Physische Abhandlung über der mütterliche Pflicht des Selbststillen. Augsbourg, 1788, 1 br.

11. VELPEAU. Traité élémentaire de l'art des accouchements. Paris, 1829, 2 vol.
12. WHITE. Untersuchung der Geschwulst bei Kindbetterinnen. Wien, 1785, 1 br.


VIII. HYGIÈNE, MÉDECINE LÉGALE, ÉPIDÉMIES, STATISTIQUE ET TOPOGRAPHIE, ENSEIGNEMENT ET INSTITUTIONS MÉDICALES.


1. BENOIT. De l'abus des boissons alcooliques (français et allemand). Belfort, 1865, 2 br.
44. BŒRSCH. Essai sur la mortalité à Strasbourg (partie rétrospective). Strasb., 1830, 1 vol. 4°.
2. BRIAND et BROSSON. Manuel de médecine légale. Paris, 1828, 1 vol.
31. CARRO (JEAN DE). Expériences sur la vaccination. Vienne, 1802, 1 vol.
28. CASTEL. Régénération de la vaccine par le virus variolique. Nancy, 1865, 1 br.
37. Choléra (die epidemische) in Stettin im Jahre 1831. 1 vol.
38. Choléra (Belehrung über die) für die Nichtärzte. Dresde, 1831, 1 br.
3. DAGONET. Rapports sur le service de Stephansfeld, 1857 et 1858. — Notice statistique sur l'aliénation mentale dans le départ. du Bas-Rhin. Strasb., 1859. — Asile d'aliénés et lois sur les aliénés. Paris, 1855. — 4 br.
4. Ecole auxiliaire et progressive de médecine dirigée par M. SANSON-ALPHONSE. Paris, 1 vol.
40. ERSCH. Literatur der Medizin. Amsterdam, 1812, 1 vol.
32. FODÉRÉ. Mémoire sur la petite vérole et la vaccine. Strasb., 1826, 1 vol.
24. FRANCK. System einer vollständigen medizinischen Polizei. Franckenthal, 1791-93, 12 tomes en 6 vol.
36. FRORIEP. Symptome des asiatischen Choléra in Berlin, 1831. Weimar, 1832, 1 br. 4° pl. col.

30. HENCKE. Lehrbuch der gerichtlich. Medizin. Stuttgart, 1839, 1 vol.

5. HERING. Ueber Kühpocken an Kühen. Stuttg., 1838, 1 br.

42. HILDEBRANT. Ueber die Pocken ; (Epidemie von 1787), 1 v.

25. HUFELAND. Macrobiotik ; Kunst das menschlichen Leben zu verlängern. Reutlingen, 1811, 2 vol. 12°.

39. JENNER. Ueber die Kuhpocken. Hanovre, 1799 et 1800, 2 vol.

17. LARREY. Notice sur l'hygiène des hôpitaux militaires. Paris, 1862, 1 br.

33. LEBENHEIM. Ueber Volkskrankheiten. Hamb., 1836, 1 vol.

6. MACKER, E. C.-rendu de son service à l'hôpital de Colmar pendant les années 1860-65. Colmar, 1862-65, 2 br.

22. MARQUEZ. De la prétendue influence de la vaccination sur la production de la fièvre typhoïde. Colmar, 1860, 1 br.

7. MARRUIS. Drague de sauvetage. Paris, 1860, 1 br. pl.

8. MOREL. Précis historique de l'établissement de la vaccine dans le départ. du Haut-Rhin. Colmar, 1811, 1 vol.

9. NICKLÈS. Recherche de l'argent au point de vue médico-légal. Paris, 1862, 1 br.

26. PLOUCQUET. Der Arzt. Tübingen, 1797, 1 vol.

10. PORTAL. Behandlung der Scheintodten. Trad. par H. Brühl. Mayence, 1807, 1 vol.

27. Rapports divers sur des épidémies de choléra. 1 vol.

11. Recueil des travaux des Conseils d'hygiène publique et de salubrité du Haut-Rhin, de 1840 à 1869. Colmar, 1861-1869, 3 vol.

45. Recueil des travaux du Conseil départemental d'hygiène publique et de salubrité du Bas-Rhin, de 1849 à 1865. Strasb., 1858-65, 2 vol.

12. Règlement de police concernant les maisons de tolérance à Colmar. 1856, 1 br.

13. REGNAULT. De la responsabilité des médecins et chirurgiens. Paris, 1829, 1 br.

43. REMER. Lehrbuch der polizeilich-gerichtlichen Chemie. Helmstædt, 1812, 1 vol.

47. RIANT. L'hygiène du foyer. Paris, 1867, 1 vol. 12°.

29. RIECKE. Ueber die morgenländische Brechruhr. Stuttgart, 1831, 1 vol.

14. ROUX. Histoire médicale de l'armée française en Morée pendant la campagne de 1828. Paris, 1829, 1 vol.

41. SAILLANT. Traité des épidémies de grippe. Paris, 1780, 1 v.

16. SAVARDON. Dernier examen de conscience d'un médecin. Paris, 1849, 1 br.

20. Séance publique de la faculté de médecine de Paris, le 4 novembre 1815. — Etablissement de la Société royale de médecine et de chirurgie. Paris, 1815, 1 br. 4º.

18. SÉDILLOT, J. Mémoire sur les revaccinations. Paris, 1840, 1 br. 4º.

15. SELLIGSBERGER. Quelques mots sur les sourds-muets. Strasbourg, 1843, 1 br.

35. SIMON. Vorsichtsmasregeln gegen den Cholera. Hamburg, 1831, 1 vol.

21. Tabac (les dangers du). Association contre l'abus du tabac. Paris, 1868, 2 br.

34. TILERIUS. Ueber die Cholera. Nuremberg, 1830, 1 vol.

46. TREICHLER. Die Verhütung der Kurzsichtigkeit durch die Reform der Schulen, etc. Zurich, 1876, 1 br.

19. VAIDY. Plan d'études médicales. Paris, 1816, 1 br.

## G. Commerce et Industrie.

1. CARRIER. Le propagateur de l'industrie de la soie en France, Nᵒ de septembre 1838. Rhodez, 1 br.
2. DOLLFUS, E. Rapport à M. le Préfet sur l'industrie du Haut-Rhin. Mulhouse, 1854, 1 br.
4. — Exposition des produits de l'industrie alsacienne en 1841. Mulhouse, 1841, 1 br.
3. DOLLFUS, J. De l'industrie cotonnière. Paris, 1855, 1 br.
28. DOLLFUS, CH. Machine à trier le gravier. Mulh., 1833, 1 br.
5. DOMBASLE (M. DE). De l'avenir industriel de la France. Paris, 1834, 1 br.
6. ENGELMANN. Mémoire sur la lithographie. Mulh., 1 vol.
27. Enquête sur les fils de laine longue peignée, etc. Paris, 1838, 1 vol. 4ᵒ.
33. FLEISCHHAUER. Compte-rendu des travaux de la Chambre de commerce de Colmar depuis sa création jusqu'au 31 mars 1872. Colmar, 1872, 1 vol.
7. FOURNET. Emploi du genêt dans le Langnedoc pour la fabrication de la toile. Lyon, 1867, 1 br.
36. GRAD, CH. Wiener Weltausstellung. Bericht über die Industrie des Elsasses. Colmar, 1873, 1 br.
— Notice sur le commerce et l'industrie d'Alsace. Strasb., 1873, 1 br.
24. GRASSMANN. Abhandlung über gute und nicht theure Mittel das Schiffbauholz dauerhafter zu machen. St-Pétersbourg, 1780, 1 br. 4ᵒ.
25. HERMESTÆDT. Grundriss der Färbekunst. Berlin, 1807, 1 v.
8. HERRMANN. Aperçu sur quelques systèmes de chauffage. Guebwiller, 1847, 1 br.
30. HERZOG. A. L'Algérie et la crise cotonnière. Colmar, 1864, 1 vol.
34. — Les Chambres de commerce. Colmar, 1870, 1 br.

31. Kæppelin, D. Etudes sur l'Exposition de 1867 : Papiers
    peints. Impressions et teinture des tissus. Lithographie.
    Blanchiment. — Un chapitre sur la teinture : Alizarine
    et Gaude. — Alizarine artificielle. — Garance ; son em-
    ploi dans la teinture. — Paris, 1867-72, 7 br.

29. Kœchlin, E. Sur les plaques fusibles et soupapes de sûreté
    des chaudières à vapeur. Mulhouse, 1837, 1 br.

 9. Instruction sur la fabrication du sucre de raisin. Colm., 1 br.

37. Lantz, L. Notice historique et statistique sur le syndicat
    industriel du Haut-Rhin. Mulhouse, 1873, 1 vol. 4°.

35. Lefébure, L. Du travail des enfants et des filles mineurs
    employés dans l'industrie. Paris, 1873, 1 br.

10. Leraz. Sur un calorifère-ventilateur. Besançon, 1861, 1 br.

11. Mémorial universel de l'industrie française. Tomes I à VI,
    1820-21 (inc.).

12. Nicklès, J. Le moteur des convois des grands tunnels.
    Nancy, 1858, 1 br.

13. — Sur un nouveau procédé d'affinage de la fonte. Nancy,
    1867, 1 br.

14. Programme de prix pour le perfectionnement des machines
    à travailler la laine. 1 br. 4° pl.

26. Question des laines. Paris, 1830, 1 br.

15. Quiquerez. Rapport sur le premier groupe comprenant les
    matières premières, à l'Exposition de l'industrie suisse
    en 1857. Delémont, 1857, 1 br.

16. Rapport sur l'exposition des produits de l'industrie tenue à
    Mulhouse en 1836 et en 1838. 2 br.

17. Rapport du délégué de l'industrie cotonnière attaché à l'am-
    bassade de Chine. Mulhouse, 1846, 1 br.

18. Réclamation des manufacturiers alsaciens contre la levée de
    la prohibition. Mulhouse, 1835, 1 br.

32. Roumeguère. Note sur l'histoire du commerce de Toulouse.
    Toulouse, 1 br.

19. Sacc. Essai sur l'industrie à Neufchâtel. Neufch. 1866, 1 br.

38. Sengenwald, J. La situation de l'industrie allemande.
    Strasb., 1877, 1 br.

G.                    — 98 —

20. Société d'encouragement pour l'industrie nationale. Pro-
       gramme des prix mis au concours en 1867 et 1868. 2 fasc.
21. Titot. Mémoire sur la meunerie. Mulhouse, 1834, 1 br.
22. Voltz. Notice sur les creusets-puisards des forges du Bas-
       Rhin. Paris, 1835, 1 br.
23. — Notice sur les hauts-fourneaux de la fonderie de Was-
       seralfingen, 1 br. av. pl.

---

## H. Histoire et Archéologie.

13. Abrégé des antiquités romaines. Paris, 1825, 1 vol. 12°.
15. Appel. Repertorium zur Münzkunde des Mittelalters und
       der neue Zeit. Pesth, 1820-22, 3 vol. pl.
22. Bial, Castan et Delacroix. Mémoires archéologiques sur
       Alaise. Besançon, 1858, 1 vol. pl.
23. Castan. Origine de la commune de Besançon. 1858, 1 vol.
31. Carlo Ceci. Picioli bronzi del real Museo nazionale. Naples,
       s. d., 1 atlas oblong, pl. col.
21. Cestre. Antiquités gallo-romaines du Haut-Rhin. Colmar,
       1869. — Le lac légendaire de l'Alsace. — Vigies celto-
       romaines le long du Rhin. Strasb., 1870. — 3 br.
14. Champollion-Figeac. Résumé d'archéologie. Paris, 1825, 2 v
1. Chazaud. Etude sur la chronologie des sires de Bourbon;
       10e au 13e siècle. Moulins, 1865, 1 vol.
25. Code historique et diplomatique de la ville de Strasbourg.
       Strasb., 1843-48, 2 vol. 4°.
16. Dietrich. L'abbé Grandidier et le conseiller Radius. 1 br.
2. Duvernoy. Notice sur un groupe antique trouvé à Mandeure
       en 1866. Paris, 1868, 1 br. av. pl.
17. Giraud. Histoire de l'esprit révolutionnaire en France sous
       les 68 rois de la monarchie. T. I. Paris, 1818, 1 vol.

3. GRANDIDIER. Oeuvres historiques inédites publiées par M. LIBLIN. Colmar, 1865-68, 6 vol.

4. LIBLIN. Chronique de Colmar de l'an 58 à 1400, parties 1 à 3. Mulhouse, 1867, 2 fasc.

10. MOREY. De quelques antiquités gauloises en Lorraine et particul^t du briquetage de la Seille. Nancy, 1868, 1 br.

6. MOSSMANN. Etudes sur l'histoire des Juifs à Colmar. Colm., 1866, 1 br.

7. — La guerre de six deniers à Mulhouse. Paris, 1868, 1 br.

7^bis — Contestation de Colmar avec la Cour de France (1641-1644). Colmar, 1869, 1 br.

8. NICKLÈS, N. Helvetus (Ell près Benfeld) et ses environs au V^e siècle. Strasbourg, 1 br. pl.

18. PAGNON. Art de reconnaître les médailles fausses des vraies antiques. Marseille, 1857, 1 br. 12°.

28. QUIQUEREZ. Monuments de l'ancien évêché de Bâle. Topographie du Jura bernois ; époques celtique et romaine. Porrentruy, 1864, 1 vol. pl.
— Idem, Ville et château de Porrentruy. Delémont, 1870, 1 vol. av. pl.
— Idem, Delémont, le Vorbourg et la vallée. Delém., 1872, 1 vol. av. pl.

29. — Histoire des troubles dans l'évêché de Bâle en 1740. Pierre Pequignat. Delém., 1875, 1 vol.

24. Rapport sur les sépultures gallo-romaines du Hâvre. Le Hâvre, 1870, 1 br. av. pl.

26. REINHARD (l'abbé). Etudes critiques sur quelques papes du moyen-âge du prof. DŒLLINGER. Trad. Colm., 1865, 1 vol.

27. RHEINWALD. L'abbaye et la ville de Wissembourg. Wissemb. 1863, 1 vol.

20. ROUMEGUÈRE. Description des médailles grecques et latines du Musée de Toulouse. — Note sur la découverte à Toulouse de médailles latines de l'empereur Probus. — Les urnes funéraires de Vieille-Toulouse. — Toulouse, 1858-1859, 3 br.

30. SAULCY (DE). Recherches sur l'écriture celtibérienne ou essai de classification des monnaies autonomes de l'Espagne. Metz, 1840, 1 vol. pl.
19. STŒBER, A. Der Hünerhübel bei Rixheim. Der Weiler Ell. Mulhouse, 1859, 1 br.
19[bis] — Das ehemalige Städtchen Wattweiler. Mulh., 1873, 1 br.
11. VERTOT (abbé de). Histoire des chevaliers de Saint-Jean de Jérusalem. Tomes 1 à 3. Lyon, 1779, 3 vol.

---

## I. Géographie, Voyages, Ethnographie, Topographie et Guides.

37. Algérie. Immigrants et indigènes. Alger, 1863, 1 br.
— Kurzer Beschreib über die Kolonie in Africa. Colmar, 1853, 1 br.
55. Alphabetisches Verzeichniss der Gemeinden in Elsass-Lothringen. Strasb., 1873, 1 br.
1. AZARA (DOM FÉLIX DE). Voyage dans l'Amérique méridionale de 1781 à 1801. Paris, 1809, 4 vol.
47. BARDIN. Carte orographique des Vosges au 40 mill[me], 12 feuilles (dans un carton).
52. BARTHÉLEMY. Voyage du jeune Anacharsis en Grèce. Paris, an VII, 7 vol. 4° et atlas fol°.
60. Bolletino de Club Alpino italiano. Torino, 1869, 1 vol.
49. BORY DE SAINT-VINCENT. Essais sur les Isles Fortunées et l'antique Atlandide. Paris, an XI, 1 vol. 4°.
40. BRUCE JAMES. Voyage aux sources du Nil, en Nubie et en Abyssinie, pendant les années 1768-72, trad. par CASTERA. Paris, 1790-92, 5 vol. 4° av. pl. et carte.
41. Carte de l'Etat-major. Départements du Haut et du Bas-Rhin. 10 feuilles (sur toile, dans un étui).

48. CASPARI. Une mission à la Guadeloupe. Paris, 1872, 1 br.

16. CHARLES, EDMOND. L'Egypte à l'Exposition universelle de
    1867. Paris, 1867, 1 vol. pl.

 2. COOK. 1er voyage autour du monde. Paris, 1774, 4 vol. —
    2e voyage. Paris, 1778, 6 vol. — 3e voyage. Paris, 1785,
    4 vol. — Atlas 3 vol. — Total 17 vol. av. pl.

38. COSTA A. JOSEPHI. De natura novi orbis et de promulgatione
    Evangelii apud Barbaros. Coloniæ Agrippinæ, 1596, 1 vol.

 3. COXE, W. Voyage en Suisse, traduit de l'anglais. Paris,
    1790, 3 vol. av. cartes.

18. Description du départ. du Bas-Rhin. Tome IV, 1re partie.
    Strasb., 1861, 1 fasc.

54. DIDIER. Le Hohwald. Strasb., 1866, 1 vol. in-18.

50. DUPLESSY. Guide du voyageur en Belgique. Bruxelles, 1841,
    1 vol. 12°.

63. Echo des Alpes, 1875, Nos 2, 3 et 4.

62. Exposition de géographie et de travaux scolaires à Belfort.
    Belfort, 1877, 1 vol.

56. GAYMARD. Voyage en Islande et au Grœnland, exécuté en
    1835 et 1836 sur la corvette *La Recherche*. Paris, 1838,
    4 vol. et 1 fasc. (inc.).

39. GERWIG. Uebersichtskarte des Schwartzwalds Ueberganges
    der Eisenbahn von Offenburg nach Constanz. 1869, 1 carte.

 4. GLEY, G. Géographie des Vosges, 1re et 3e édit. Epinal,
    1863 et 1870, 2 vol. 12°.

4bis — Le relief des Vosges. — Rapport sur l'Alsace au mo-
    ment de l'annexion, par CH. GRAD. — Une excursion dans
    les Vosges : Remiremont, Gérardmer, le Hohneck. —
    Epinal, 1872-74, 3 br.

 5. GODRON. L'Atlantide et le Sahara. Nancy, 1868, 1 br.
    — Les Sagas islandaises. Nancy, 1868, 1 br.

 6. GRAD, CH. Esquisse physique des îles Spitzbergen. Paris,
    1864, 1 vol. av. carte.
    — L'Australie intérieure. Paris, 1864, 1 vol. av. carte.
    — Note sur le relief des Hautes-Vosges, de Bardin. Colm.,
    1868. — Résultats scient. des explorations de l'Océan

glacial à l'Est des Spitzbergen en 1871. Paris, 1873. — Voyages aux Alpes. Colm., 1875. — L'Alsace, sa situation et ses ressources au moment de l'annexion. Paris, 1872. — Aperçu statistique et descriptif sur l'Alsace aux derniers temps du régime français. Mulhouse, 1872. — Les migrations des Polynésiens. Genève, 1872. — 6 br.

7. Guide, vue et carte des Trois-Epis. Colmar, 1867, 2 br.

8. JACQUEL (l'abbé). Essai d'un itinéraire du canton de Gérardmer. Paris, 1865, 1 vol.

9. JOANNE. Itinéraire général de la France. Vosges et Ardennes. 1 vol. 12° av. cartes.

10. JOUAN. Note sur les îles basses du grand Océan. — Les îles Loyalty. — Hong-Kong, Macao, Canton. — 3 br.

12. KOTSCHY. Ueber Reisen und Sammlungen des Naturforschers in der Turkei und Persien. Vienne, 1864, 1 br.

11. KOTZEBUE. Entdeckungs Reise in die Sud See und nach der Berings Strasse. Weimar, 1821, 1 vol. 4° av. pl.

13. LAMBERT. Expédition au Pôle Nord. Paris, 1868, 1 b. av. carte.

14. LAPLACE. Voyage autour du monde. Paris, 1833, 4 vol.
— Album historique de ce voyage. Paris, 1835, 1 vol. fol°.
— Atlas hydrograph. de ce voyage. Paris, 1833, 1 vol. fol°.

15. LEPAGE et CHARTON. Le département des Vosges ; statistique histor. et administrative. Nancy, 1847, 2 vol. av. carte.

59. MÆDER, A. Carte des deux cantons de Mulhouse. 1852. 1 feuille (dans un étui).

17. MALHERBE. Ascension à l'Etna. Metz, 1841. — 2e ascension à l'Etna. Metz, 1851. — 2 br.

19. MALTEBRUN. Géographie universelle. Paris, 1836 et 1837, 12 vol. 8° et 1 atlas fol°.

20. — Annales des voyages. N°s d'avril 1868 et nov. 1869, 2 br.

21. Note sur la Nouvelle-Calédonie. Paris, 1864, 1 br. pl.

22. PALLAS. Reise durch verschiedene Provinzen des russischen Reichs. Francfurt, 1777, 3 vol. av. pl.

42. PENOT. Statistique générale du département du Haut-Rhin. Mulhouse, 1831, 1 vol. 4° et carte géol.

23. Plans reliefs topographiques (Catalogue des) de M. Bardin. Paris, 1868, 1 br. 4°.

24. Positions géographique et hauteurs des principaux points de la carte de France. Livr. 1 à 6 et 9. 7 fasc.

25. Prévost (l'abbé), Histoire générale des voyages. Paris, 1746-61, 17 vol. 4° av. pl. et cartes.

26. Prœschel. Atlas de l'Australie. Londres, 1863, 1 vol. fol°.

27. Reclus, E. La terre. 1° les continents ; 2° l'Océan, l'atmosphère et la vie. Paris, 1868, 2 vol. pl.

28. Rothens. Memorabilia Europæ. Ulm, 1731, 1 vol.

29. Schnars. Führer durch den Schwarzwald, 1re et 2e édit. Fribourg, 1865-68, 2 vol. pl.

30. Schwarzwald (der). Handbuch für Reisende. Heidelberg, 1868, 1 vol.

31. Sparrmann. Voyage au cap de Bonne-Espérance et autour du monde. Paris, 1787, 3 vol. pl.

58. Specklé. Carte d'Alsace. Strasb., 1576, 3 feuilles (sur toile dans un étui).

43. Steiner, Ch. Inauguration du canal de Suez. Colmar, 1869, 1 br.

33. Stoffel. Dictionnaire topographique du département du Haut-Rhin. Paris, 1868, 1 vol.

44. Stœber, A. Der Kochersberg. Mulhouse, 1857, 1 vol. 12ᶜ.

45. — Das vordere Illthal. Mulh., 1861, 1 vol. 12°.

57. — Curiosités de voyages en Alsace, tirées de divers auteurs. Colmar, 1874, 1 vol. 8°.

32. Strobel. Topographische Beschreibung des Ober und Niederrheins. Strasb., 1823, 1 vol. 12°.

32bis — Topographie abrégée de l'Alsace. Str., 1823, 1 vol. 8°.

34. Tavernier. Voyages en Turquie, en Perse et aux Indes. Amsterdam, 1678, 2 vol. pl.

46. Thiriat, X. La vallée de Cleurie. Mirecourt, 1872, 1 v. 12°.

35. Vivien de Saint-Martin. L'année géographique, ann. 1 à 3. Paris, 1863-65, 3 vol. 12°.

61. Voyages d'études autour du monde. Paris, 1876, 1 br. avec carte.

51. Univers (l'). Histoire et description de tous les peuples. Paris, 1840-55, 56 vol. av. pl.

53. ZEILER, M. Itinerarium Germaniæ. Reisbuch durch Hoch und Nieder-Teutschland. Strasb., 1674, 1 vol. fol° av. pl.

36. ZOLLINGER. Voyage aux îles Bali et Lombok. 1 br. 4°.

---

## K. Littérature, Biographie et Bibliographie.

1. AGASSIZ. Address delivred an the centennial anniversary of Alexander von Humbold. Boston, 1869, 1 br.

2. AUGUSTIN. Hüfelands Leben. Potsdam, 1837, 1 br.

3. AYMAR-BRESSION. Notice biographique sur le professeur Bartholdy. 1865, 1 br.

4. BARRAL. Notice sur M. de Gasparin. Paris, 1 br.

5. BÆCK. Gedächtnissrede auf C. von Linné. Stockh., 1779, 1 v.

6. BOUCHOTTE. Notice biographique sur L. J. Bardin. Metz, 1868, 1 br.

7. BOUTILLIER. Notice nécrologique sur M. Ant.-Fr. Passy. — Eloge hist. du D<sup>r</sup> F. A. Pouchet.— Rouen, 1875-78, 2 br.

8. CAMPAUX. Xavier Thiriat. Strasb., 1869, 1 br.

9. COXE. Mémoire biograph. sur Linné, trad. par WILLY, 1 br.

10. CURTZE. Notice sur la vie de J.-A. Grüner. Paris, 1872, 1 br.

11. Dictionnaire biographique d'Alsace. Liste préparatoire. Mulhouse, 1869, 1 vol. 4°.

12. DUPIN, CH. Travaux et bienfaits de M. Benjamin Delessert. Paris, 1847, 1 br. 12°.

13. DUVERNOY, G. L. Notice histor. sur les ouvrages et la vie de M. le baron Cuvier. Strasb., 1833, 1 vol.

14. Eloge des Académiciens et histoire de l'Académie royale des sciences en 1699. Lahaye, 1740, 2 vol. 12°.

15. FAUDEL, F. Notice biographique sur le professeur Kirschleger. Colmar, 1872. — Id. sur M. Fr. Kampmann père,
1874. — Id. sur MM. H. Schlumberger, Ch. Kœnig,
H. Zæpfel, de Saint-Firmin, Traut et V. Robin, 1877.
— 8 br. 8°.

16. — Bibliographie alsatique scientifique (avec suppléments).
Colmar, 1874-78, 1 vol. et 2 br.

17. FOURNET. Notice histor. sur M. Drian. Lyon, 1867, 1 br.

18. FRANCKLIN, B. Oeuvres posthumes, Correspondance inédite.
Paris, 1817, 2 vol.

19. GOUTZWILLER. Notice biographique sur Hommaire de Hell.
Colmar, 1861, 1 vol.

20 GRAD, CH. Notice biogr. sur M. J. Kœchlin-Schlumberger.
Colmar, 1874, 1 br.
— Daniel Dollfus-Ausset, sa vie et ses travaux. Colmar,
1872. 2 br.

21. HUBER. Notice biogr. sur le prof. Bardin. Paris, 1868, 1 b.

22. JÆNGER. Notice nécrologique sur le Dr H.-G. Mühlenbeck.
Mulhouse, 1846, 1 br.

23. KUNTH. Notice biogr. sur L. C. M. Richard, botaniste.
Paris, 1 br.

24. LADOUCETTE. Notice biogr. sur le profess. Villars. Paris,
1818, 1 br.

25. LEBERT. Notice biogr. sur H. Lœwel, chimiste. Colmar,
1874, 1 br.

26. LEROUX. L'art entomologique, poème didactique. Versailles,
1814, 1 vol.

27. MACKER, E. Notice biogr. sur M. Henri de Peyerimhoff.
Colmar, 1877, 1 br.

28. MARQUEZ. Notice nécrol. sur le Dr Molk. Strasb., 1867, 1 br.

29. NICKLÈS, J. Notice biogr. sur J. Th. Silbermann. Colmar,
1865, 1 br.

30. OPPIEN. Poème sur la chasse, trad. par Belin de Ballu.
Strasbourg, 1787, 1 vol.

31. REICHEL. Gedächtnissrede auf Carl von Linné, traduit par
Schultz von Schultzenheim. Leipzig, 1784, 1 br.

32. ROUMEGUÈRE. Notice nécrol. sur M. Belhomme. Toulouse, 1859, 1 br. 4°.

33. STŒBER, AUG. Jörg Wickram und dessen vorzüglichste Schriften. Mulhouse, 1866, 1 vol. 12°.

34. — Ch. F. Pfeffel, der Historicker und Diplomat. Mulh., 1859, 1 br.

35. — Notice biogr. sur M. J. Aug. Michel. Mulh., 1877, 1 vol.

36. — Drei Aehren in Ober Elsass. Gedichte. Mulh., 1873, 1 vol. 12°.

37. — Elsässisches Volksbüchlein. Mulh., 1859, 1 vol.

---

## L. Oeuvres et Etablissements d'instruction. — Musées, Expositions, Bibliothèques, Ecoles, Archives et Sociétés savantes.

1. Annual Report of the Museum of comparativ zoology. Boston, 1867, 1 br.

2. ARMENGAUD. Galeries publiques de l'Europe. Rome. Paris, 1861, 1 vol. 4° pl.

60. B. de M. Les jardins d'enfants de Frœbel. Paris, 1855, 1 br.

61. BAUDOUX. Catalogue des statues et tableaux du Musée de Nantes. Nantes, 1859, 1 vol. 12°.

34. BLANCHARD. L'instruction générale en France. Toulouse, 1872, 1 br.

35. Catalogues de bibliothèques diverses. 1 liasse.

36. Catalogues de collections d'histoire naturelle. 1 liasse.

44. Catalogue de l'exposition générale de Besançon en 1860, 1 v.

65. Catalogue des tableaux, sculptures de la Renaissance et majoliques du Musée Napoléon III. Paris, 1862, 1 br. 12°.

59. COCHET (l'abbé). Catalogue du Musée d'antiquités de Rouen. 1868, 1 vol.

52. Cotteau. Notes sur quelques Musées d'histoire naturelle de la Suisse et de l'Allemagne du Sud. Auxerre, 1869, 1 br.

52bis — Une visite au Musée de Troyes. 1864, 1 br.

50. Cours d'adultes et bibliothèque populaire de Thann. Notice du Comité de direction. Guebwiller, 1869, 1 br.

53. Dollfus-Ausset. Matériaux pour les bibliothèques populaires. Mulhouse, 1865-1870, 7 br. 12°.

53bis — Vigie nationale. Mulhouse, 1861, 1 br. 12°.

3. Dohme, R. Kunst und Künstler des Mittelalters und der Neuzeit. (Martin Schœngauer). Leipzig, 1875, 1 br.

4. Duchesne (aîné). Description des estampes exposées dans la galerie de la bibliothèque impériale. Paris, 1855, 1 vol.

5. Duchesne et Réveil. Musée de peinture et de sculpture. Paris, 1829. Tomes I et II. 2 vol. 12° av. pl.

31. Duruy et Robert. Discours au sénat sur une pétition relative à l'enseignement supérieur. Paris, 1868, 1 br.

31bis Duruy. Discours prononcé à la réunion des Sociétés savantes en 1865, 1 br. 4°.

42. Ecole de filature et Ecole professionnelle de Mulhouse. Programmes. 2 br.

42bis Ecole centrale de Paris et Polytechnicum de Zurich. Programmes. 1 liasse.

9. Ehrmann. Catalogue du Musée anatomique de la faculté de médecine de Strasbourg. Strasb., 1837, 1 vol.

10. Eloffe. Traité pratique du naturaliste préparateur. Paris, 1862, 1 vol.

49. Emploi des tableaux de lectures dans les écoles primaires. Strasbourg, 1820, 1 br.

56. Enseignement (l') supérieur devant le sénat. Paris, 1868, 1 v.

67. Exposition univer. de 1878 à Paris. Guides et Catalogues, 3 b.

11. Faudel, F. La Société alsato-vosgienne et le Schwartzwald-verein. Colmar, 1868, 1 br.

11bis — Notice sur le Musée d'histoire naturelle de Colmar, et aperçu hist. sur le Musée des Unterlinden. Colm. 1872, 1 v.

8. Fischer, D. Catalogue du Musée de Saverne. Sav., 1872, 1 v.

48. Gossin. L'enseignement agricole appliqué à l'instruction
    primaire. Paris, 1867, 1 br.

18[bis] Goutzwiller. Catalogue du Musée de Colmar. Colmar,
    1866, 1 vol. 12°.

6. — Le Musée de Colmar. Notice sur les peintures de Martin
    Schœngauer. Colmar, 1867, 1 vol. 8° pl.

63. Græsse. Guide de l'amateur d'objets d'art et de curiosité.
    (Monogrammes). Dresde, 1871, 1 vol. av. pl.

12. Handbuch bey Anordnung naturlichen Körper in Naturalien
    Cabinet. Leipzig, 1784, 1 vol.

64. Hartmann, F. Du caractère exclusivement laïque dans les
    écoles primaires. Colmar, 1870, 1 br.

62. Hettner. Das königliche Museum der Gypsabgüsse zu
    Dresden. Dresde, 1861, 1 vol. 12°.

18. Hugot, L. Livret indicateur du Musée de Colmar. 1860,
    1 vol. 12°.

40. Indicateur du Musée de Versailles. 1857, 1 br.

57. Instruction (de l') publique en France dans le passé et dans
    le présent (par l'abbé Martin). Colmar, 1864, 1 vol.

13. Instructions sur la manière d'inventorier et de conserver
    les objets qui peuvent servir aux arts et aux sciences.
    Paris, an XII, 1 br. 4°.

14. Kurzer Entwurf der Naturalien Kammer in Dresden. Dresde,
    1755, 1 br. 4° av. pl.

15. Lasègue. Musée botanique de M. Benj. Delessert. Paris,
    1845, 1 vol.

16. Lereboullet. Notice sur le Musée d'histoire naturelle de
    Strasbourg. Strasb., 1838, 1 br.

17. Lichtenstein. Das zoologische Museum der Universität zu
    Berlin. 1re et 2e édit. Berlin, 1816-17, 2 br. pl.

33. Ligue de l'enseignement en France et groupe colmarien de
    la ligue. 5 br.

19. Macé, J. Bibliothèque communale de Beblenheim. Colmar,
    1864, 1 br. 4°.

20. — Société des bibliothèques communales du Haut-Rhin.
    1re séance annuelle et séances du comité. Colm. 1864, 7 br.

21. MALHERBE. Muséum d'histoire naturelle de Metz. Collection des animaux vertébrés. Metz, 1857, 1 br.

22. MANCEL et QUILLARD. Notice sur les tableaux composant le Musée de Caen. Caen, 1872, 1 vol. 12°.

55. MALINOWSKI. Projet de l'établiss. de comptoirs minéralog. à Alais et autres centres d'exploitations métallurgiques. Alais, 1868, 1 br.

23. Musée de Colmar (le) par un visiteur du Musée. Colm. 1 br.

24. Musée des Thermes et de Cluny. Catalogues. Paris, 1847, 1860, 1865 et 1867. 4 vol.

30. Musée historique de Mulhouse. Catalogue et 1er supplément. Mulhouse, 1874-77, 2 vol.

25. NICKLÈS, J. L'enseignement scientifique au village. Nancy, 1868, 1 br.

58. Notice sur l'exposition de l'Ecole forestière au Concours général de l'agriculture à Paris en 1869. Nancy, 1 vol.

26. Notice sur les collections du Musée de Troyes. 1850, 1 vol.

37. Notice sur les collections du Musée d'artillerie. Paris, 1835, 1845, 1865, 3 vol.

43. Notice sur les écoles de Mulhouse, publiée par la Société industrielle. Mulh., 1867, 1 vol. av. pl.

66. Notice sur les peintures, sculptures et dessins du Musée du Luxembourg. Paris, 1865, 1 vol. 12°.

47. Observations sur les bibliothèques scientifiques, industrielles et professionnelles. Paris, 1869, 1 br.

27. PINGUILLY-L'HARIDON. Catalogue du Musée d'artillerie. Paris, 1864, 1 vol.

44. Rapport sur l'Exposition universelle de 1855, présenté à l'Empereur par le prince Napoléon. Paris, 1867, 1 vol. 4°.

7. Recueil de pièces sur Ohmacht, statuaire. Colm. 1854, 1 b.

45. Règlement sur la comptabilité des écoles normales primaires. Paris, 1845, 1 br.

46. Règlement pour le service des écoles primaires communales de l'arrond. de Colmar. Colm., 1862, 1 br.

54. STŒBER, A. L'Ecole militaire de Colmar pendant les années 1776 à 1779. Mulhouse, 1859, 1 vol.

28. Trouillat. Rapport sur la bibliothèque du collége de Por-
    rentruy. 1849, 1 vol.
29. Ueber den Nützen der Kleinkinderschulen auf dem Lande.
    Mulhouse, 1843, 1 br.
51. Vaillant (Maréchal). Rapport sur les tableaux et objets
    d'art faisant partie de la dotation de la couronne. Paris,
    1869, 1 br.
32. Verzeichniss der Gemälde in der königlichen Pinakothek
    zu München. Münch., 1860, 1 vol. 12°.
38. Villot. Notice des peintures, sculptures, etc., du Musée
    du Luxembourg. Paris, 1852, 1 vol.
39. — Notice sur les tableaux du Musée du Louvre. Paris,
    1852, 2 vol.

---

## M. Philosophie et Morale, Economie sociale et politique.

1. Aristotelis, opera. Bâle, 1538, 1 vol. fol°.
2. Existence (l') de Dieu démontrée par les merveilles de la
   nature. Paris, 1725, 1 vol.
3. Herder. Philosophie der Geschichte der Menschheit.
   Leipzig, 1784, 2 vol.
4. Krönig. Das Dasein Gottes und das Glück der Menschen;
   philosophische Studien. Berlin, 1876, 1 vol.
5. Laurent (le père). Etudes géolog., philologiques et scrip-
   turales sur la cosmogonie de Moïse. Paris, 1863, 1 vol.
6. Lefébure, L. L'ouvrier, sa condition actuelle. Paris,
   1868, 1 vol.
7. Mémoire sur la question : Organisation du travail la plus
   propre à augmenter le bien-être des classes laborieuses.
   Paris, 1838, 1 vol.
8. Mohler. Amélioration du sort des travailleurs. Str. 1849, 1 b.
9. Moigno (l'abbé). Impossibilité du nombre infini ; démons-
   tration mathém. du dogme de la création. Paris, 1863, 1 b.

10. Netter. Le matérialisme et les castors. Strasb., 1858, 1 br.
11. Oeuvre de patronage des aliénés indigents sortant guéris de l'asile de Stephansfeld. Strasb., 1858, 1 br.
12. Penot. Les cités ouvrières de Mulhouse et du départ. du Haut-Rhin. Mulh., 1865 et 1867, 2 vol. av. pl.
13. — Les institutions privées du Haut-Rhin. Mulh., 1867, 1 v.
14. Question alimentaire. Saint-Denis, 1861, 1 br.
15. Zuber, J. fils. Moyens d'attacher les ouvriers aux grands établissements industriels. Strasb., 1843, 1 br.

---

## O. Jurisprudence, Administration et Travaux publics.

27. Chanony. Projet de chemin de fer d'Epinal à Colmar, à travers les Vosges. Nancy, 1861, 1 br. pl.
28. Chauffour, Ig. Note sur l'appel émis par la ville de Colmar, (canal du Logelbach). Colmar, 1875, 1 br. 4° pl.
12. Chemin de fer de Paris à Dijon par Troyes. Paris, 1843, 1 br. 4° pl.
13. Chemin de fer de Salins à Dôle. Paris, 1846, 1 br. 4° pl.
14. Chemin de fer de Rouffach à Belfort. Colmar, 1 br. 4°.
 9. Chemin de fer (projet de) de Colmar au Rhin par Brisach ; documents officiels. Colmar, 1869, 1 br.
30. Chemin de fer du St-Gothard. Rapport pour l'année 1873. Zurich, 1876, 1 br. 4° pl.
20. Compte-rendu des travaux de reboisement des montagnes et routes forestières de 1861 à 1866. Paris, 1868, 1 vol. 4°.
 1. Conseil général du départ. du Haut-Rhin. Sessions de 1834 à 1869, 5 vol. 4° et 30 vol. 8° (c).
1bis Commission départem. du territoire de Belfort. Sessions de 1871 à 1874, 4 vol. 8°.
24. Flachat-Mony, St. Manuel et code des routes et chemins vicinaux. Paris, 1835, 1 vol. 12°.

23. Gauckler. Mémoire sur la défense du territoire contre les inondations. Paris, 1869, 1 br.

25. Gènieys. Tables à l'usage des ingénieurs. Paris, 1835, 1 v.

11. Hammerstein (von). Ueber die Herstellung grösserer Wasserbehälter im oberen Fechtthal. Colmar, 1877, 1 br.

3. Laurent. Expériences de traction exécutées sur les rampes du Donon. Nancy, 1847, 1 br.

29. Lefébure. Quelques réflexions sur les projets de percement des Vosges soumis à l'enquête. Colmar, 1877, 1 br.

2. Lommel. Simplon, St-Gothard et Lukmanier ; voies ferrées projetées par les passages alpins. Lausanne, 1865, 1 v. pl.

4. Mémoire judiciaire avec plan, pour la ville de Munster, Colmar, 1858, 2 br. 4° av. pl.

5. Id. sur les forges de Willer et Massevaux, Colm. 1827, 1 b. 4°.

6. Id. pour le comte de Sickingen-Hohenbourg. Colmar, 1836. 1 br. 4°.

26. O'Donnel. Code vicinal. Paris, 1836, 1 vol. 12°.

7. Percement des Vosges par la vallée de Munster. 4 mémoires 4° av. pl.

10. Pétition au sujet du canal du Rhône au Rhin. Colm. 1848, 1 b.

21. Schattenmann. Mémoire sur le rouleau compresseur. Str., 1842. — Sur les expériences de cylindrage des chaussées. Paris, 1844, 2 br.

8. Thurner. Table générale alphab. des actes de la préfecture du Haut-Rhin de 1801 à 1858. Colmar, 1858, 1 vol.

22. Usages locaux constatés en 1855 dans le départ. du Haut-Rhin, (par I. Chauffour). Colmar, 1856, 1 br.

15 et 16. Ville de Colmar. C.-rendus administratifs, budgets, et rapports. Années 1849 à 1859 et 1861 à 1878, 34 vol.

17. — Recueil des arrêtés municipaux concernant la police locale. Colmar, 1861, 1 vol.

18. — Publications administratives diverses (octroi, emprunts, sapeurs-pompiers, citadines, école de musique, pompes funèbres, etc.), 12 br.

19. — Fêtes publiques. (Monuments Pfeffel et Bruat, canal d'embranchement, etc.), 4 br.

### P. Cartes, Plans, Albums et divers.

Album pour les portraits photographiés des membres de la
Société.

Album de graminées, 1766, 1 vol. fol°.

Atlas des bâtiments et appareils de l'établissement de pisciculture
de Huningue. Strasb., 1868, gr. fol° av. pl. grav. et phot.

Autographe de Linné (encadré).

Bustes des naturalistes Buffon, Cuvier, Daubenton, Geoffroy
Saint-Hilaire, Jussieu, Kirschleger, Lacépède, Linné,
Schimper et Tournefort.

Carte du département du Haut-Rhin, au 80 millième, extrait de
la carte de l'Etat-major. (Collée sur toile).

Carte du Haut-Rhin, par HECK, coloriée géologiquement par
VOLTZ. (Sur carton).

Carte des deux cantons de Mulhouse, par MAURER, d'après le
dessin de MÆDER. (Id.).

Carte géologique du département du Haut-Rhin, au 80 millième,
par DELBOS et KŒCHLIN-SCHLUMBERGER. (Sur toile).

Carte en relief du département du Haut-Rhin, au 150 millième,
par BÜRGI.

Carte en relief du massif principal des Vosges, au 100 millième,
par BÜRGI.

La même coloriée géologiquement, par DELBOS.

Carte en relief (portative) des environs de Munster, par FOLTZ.

Collection de dessins de plantes, 10 cahiers fol°.

*Theatrum floræ*, recueil de dessins de plantes. 1 vol. fol°.

Nouveau recueil de fruits, fleurs et plantes utiles aux dessina-
teurs. Paris, 1749, 1 vol. fol°.

Plan de Colmar en 1869, par CH. FOLTZ. (Sur toile).

Portraits encadrés de MM. Dollfus-Ausset, D<sup>r</sup> Jænger, Kœchlin-
Schlumberger, A. Pouchet et Ch. Kœnig.

Précis analytique du système de Lavater. (1 tableau cartonné).

Précis analyt. du système du docteur Gall. (1 tableau cartonné).
Tableau géologique, par BOURLOT. (Collé sur toile).
Tableau d'études d'histoire naturelle au microscope solaire, par
  BERTSCH et ARNAUD. (Encadré).
2 Tableaux, décalquages de Lépidoptères exotiques.
3 Tableaux reproduisant des inscriptions de l'église d'Ensisheim
  relatives à l'aérolithe, exécutés par CASIMIR KARPF.

# RÉCAPITULATION.

| | Nombre de volumes. | brochures. |
|---|---|---|

**A.** *Publications des Sociétés savantes.*

| | volumes | brochures |
|---|---|---|
| I. Alsace-Lorraine | 255 | 175 |
| II. Allemagne | 173 | 61 |
| III. Autriche | 52 | 28 |
| IV. Amérique | 70 | 15 |
| V. Belgique et Luxembourg | 91 | 6 |
| VI. France | 1100 | 259 |
| VII. Italie | 4 | — |
| VIII. Norwège | — | 26 |
| IX. Russie | 54 | 16 |
| X. Suisse | 166 | 12 |

**B.** *Ouvrages généraux, Revues et Publications périodiques*

| | volumes | brochures |
|---|---|---|
| | 267 | 33 |

**C.** *Sciences naturelles.*

| | volumes | brochures |
|---|---|---|
| I. Généralités | 164 | 8 |
| II. Anatomie générale et comparée, physiologie, biologie et tératologie | 18 | 11 |
| III. Anthropologie, archéo-géologie et temps préhistoriques | 26 | 25 |
| IV. Zoologie | 129 | 160 |
| V. Minéralogie et géologie | 124 | 95 |
| VI. Eaux minérales | 21 | 29 |
| VII. Botanique | 243 | 109 |

**D.** *Sciences physiques et mathématiques.*

| | volumes | brochures |
|---|---|---|
| I. Mathématiques | 15 | — |
| II. Astronomie, météorologie, hydrologie, physique du globe | 85 | 104 |
| III. Physique | 17 | 18 |
| IV. Chimie | 36 | 73 |

<table>
<tr><td></td><td></td><td align="right">Nombre de</td><td></td></tr>
<tr><td></td><td></td><td align="right">volumes.</td><td align="right">brochures.</td></tr>
</table>

**E.** *Sciences agricoles.*

|  |  |  |
|---|---|---|
| I. Agriculture et économie rurale . . . . . . | 49 | 92 |
| II. Acclimatation, animaux utiles et nuisibles, épizooties et médecine vétérinaire . . . | 26 | 45 |

**F.** *Sciences médicales.*

|  |  |  |
|---|---|---|
| I. Ouvrages généraux, dictionnaires, journaux . | 231 | 717 |
| II. Anatomie humaine et physiologie . . . . . | 52 | 15 |
| III. Sciences accessoires, histoire naturelle et chimie médicale, thérapeutique, matière médicale et pharmacie . . . . . . . . | 42 | 6 |
| IV. Médecine et pathologie interne . . . . . . | 130 | 16 |
| V. Maladies spéciales . . . . . . . . . . | 41 | 10 |
| VI. Chirurgie et pathologie externe . . . . . . | 51 | 3 |
| VII. Obstétrique, maladies des femmes et des enfants nouveaux-nés . . . . . . . . . | 26 | 2 |
| VIII. Hygiène, médecine légale, statistique et topographie, enseignement, instit. médicales | 36 | 26 |

|  |  |  |
|---|---|---|
| **G.** *Commerce et Industrie* . . . . . . . . | 12 | 40 |
| **H.** *Histoire et Archéologie* . . . . . . . | 29 | 19 |
| **I.** *Géographie, Voyages, Ethnographie, Topographie et Guides* . . . . . . . . | 184 | 42 |
| **K.** *Littéature, Biographie et Bibliographie* . | 14 | 34 |
| **L.** *Etablissements d'instruction, Musées, Expositions, Bibliothèques, Ecoles* . . | 42 | 46 |
| **M.** *Philosophie et Morale, Economie sociale et politique* . . . . . . . . . . . . . | 11 | 6 |
| **O.** *Jurisprudence, Administration et Travaux publics* . . . . . . . . . . . . . . . | 80 | 40 |
| **P.** *Cartes, Plans, Albums, Tableaux, etc.* |  |  |
| Total . . . | 4166 | 2422 |